Urania Verlags AG

Enneagramm

Stufen zur Vollkommenheit

Ingrid und Kurt Bauer

ENNEAGRAMM

STUFEN ZUR VOLLKOMMENHEIT

EINFÜHRUNG IN DAS SUFI-ENNEAGRAMM UND IN DIE KUNST DER SELBSTERKENNTNIS

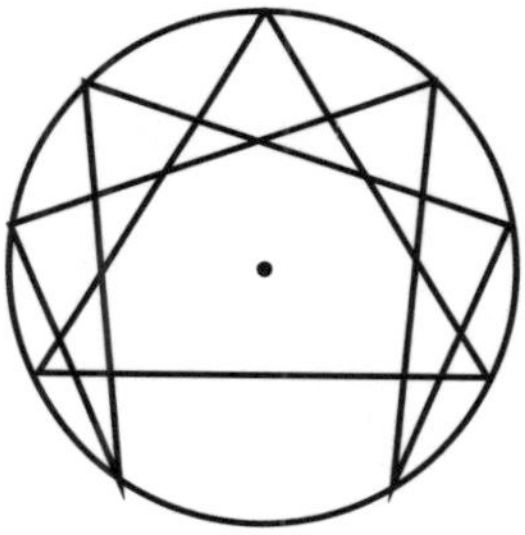

Urania Verlags AG

1. Auflage 1995

Umschlagentwurf: Gerd Aumann

ISBN 3-908644-42-9

Printed in Germany

INHALTSVERZEICHNIS

VORWORT

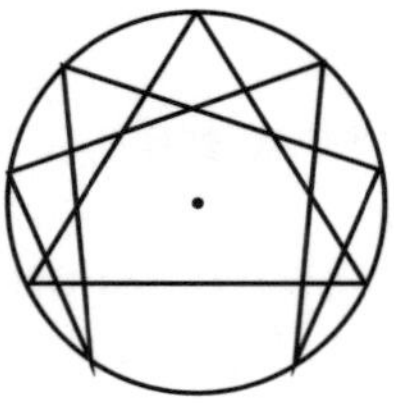

Was war zuerst: die Henne oder das Ei? Hier ist einTitel "Enneagramm, Stufen zur Vollkommenheit", und es gibt dazu zwei Produkte: das Enneagramm als Spiel und als Buch. Was kommt zuerst? Das Buch zum Spiel, oder das Spiel zum Buch? Wie auch immer, im Mittelpunkt steht das Enneagramm! Sowohl das Buch, das sie jetzt in Händen halten, als auch das Spiel sind aufeinander bezogen und öffnen den Zugang in unterschiedlicher Weise. Das Buch bietet eine Einstiegshilfe in die Symbolik, entschlüsselt diese vor dem Hintergrund des Sufismus und zeigt, daß das Enneagramm die Grundlage zu einer Herzenspädagogik ist. Das Spiel wiederum ermöglicht den direkteren Zugang zu Lebensdynamiken, die das Enneagramm "spielerisch" entdecken lassen. In diesem Buch

- lernen Sie die Kunst der Problemlösung mit Hilfe des Enneagramms;
- erhalten Sie Schlüssel zu einem erfolgreichen und gelösten Leben;
- schulen Sie Ihre Sinne, Ihr Denken und Ihre Wahrnehmung;
- erfahren Sie, warum manche Probleme so schwer zu lösen sind;
- lernen Sie mehr über das Wachstum menschlichen Lebens, welche äußeren und inneren Hürden es behindern und wie man diese abbaut.

Dieses Buch ist ein Handbuch, das hilft, das Enneagramm zu verstehen und als Werkzeug im Leben zu benutzen. Es gibt Impulse und Hilfen zu Problemlösungen und zur Lebensveränderung. Es informiert über seine Quellen. Das Buch lädt zu einem lebensverändernden Abenteuer ein, und das Spiel ist in sich ein Abenteuer, in dem das Enneagramm spielerisch zum Zuge kommt. Beide sind in idealer Weise aufeinander abgestimmt und entfalten gegenseitig das Wissen und Können.

Wenn Sie uns ihre Erfahrungen mitteilen wollen, Fragen haben oder weitere Informationen wollen, dann finden Sie unsere Adresse am Ende des Buches.

Ingrid und Kurt Bauer

1. Kapitel

EINFÜHRUNG IN DAS ENNEAGRAMM

Istanbul im Winter. Ich stehe auf den Stufen zur Blauen Moschee mit ihren atemberaubenden Kuppeln und in die Höhe ragenden Minaretten. Hinter mir liegt die Haghia Sophia, und dazwischen spannt sich ein großer *freier Raum.* Auf der rechten Seite liegt das Meer und zur linken Hand tobt der Verkehr. Alles ist von einem Schleier überzogen, den die schwache Wintersonne nur mühsam durchdringt. Zwischen 10 und 14 Millionen Menschen leben hier. Mehrere Millionen Autos fahren täglich durch die Stadt, was dazu führt, daß sie regelmäßig kollabiert: Die Stadt bricht zusammen, im Verkehr, im Müll, im Chaos und steht wieder auf. Alles, aber auch alles ist bis zum Zerreißen gespannt. Istanbul ist eine kosmopolitische Stadt, alle Rassen und Nationen sind hier vertreten und kommen erstaunlich gut miteinander aus.

Einiges hat sich seit meinem letzten Besuch geändert, der nun schon einige Jahre zurückliegt. Istanbul hat nun eine Straßenbahn. Man ist stolz darauf und hofft nun auch auf eine U-Bahn. Man hofft aber schon seit Jahren, und das vergeblich. Die Benutzung der Trams ist ein Abenteuer. Es ist sicher die schnellste Verbindung in dieser Stadt. Vorausgesetzt, es gelingt einem, einzusteigen und, was manchmal ein noch größeres Problem darstellt, wieder auszusteigen. Die Straßenbahn ist immer voll! Zumindest war sie das zu den Zeiten, in denen ich sie benutzt habe, immerhin vier Mal in drei Tagen. Dann hatte ich genug davon und ging zu Fuß oder benutzte das Taxi. Wenn die Straßenbahn hält, dann wollen alle gleichzeitig ein- und aussteigen. Das ergibt ein Gewühl. Dennoch kämpfen beide Gruppen gegeneinander, als hätte man Angst, den Ein- oder Ausstieg zu verpassen. Ist man dann endlich drinnen und hat keinen Sitzplatz erobert, besteht der große Vorteil darin, daß man nicht umfallen kann, denn man ist zwischen all den Menschen eingezwängt. Allerdings führt das dazu, daß man die Trams nicht verlassen kann, wann man das will. Im Endeffekt wird man dann bei einer der nächsten Haltestellen, wie das Treibholz im Meer, an Land gespült. Mit einigem Glück ist es sogar die richtige Haltestelle. Es ist ein neues Istanbul-Spiel.

Neu für mich ist auch, daß nur wenige Touristen in Istanbul sind. Wegen des Winters und der PKK hat man mir gesagt. “Die Kurden machen uns halt Probleme“, meinte ein Türke, “und das wiederum schlägt sich auf den Tourismus nieder.“ Mit Achselzucken und keiner wirklichen Anteilnahme meint er: “Aber, insallah [so Gott will], wird die Regierung das Problem dieses Jahr noch lösen.“ Was so viel bedeutet, wie: “Wenn nicht dieses, dann nächstes Jahr, wir werden sehen…“

Ich wende mich nun dem inneren Bereich der Moschee zu, gehe an den Waschanlagen vorbei und betrete den Innenhof. Dort ziehe ich meine Schuhe aus und trete ein. Mit einem Schlag verwandelt sich die Atmosphäre; es ist *ruhig*. Der ungeheuer große Raum drängt sich mir auf und erfüllt mich mit Staunen. Welch bauliche Meisterleistung und welche Fülle an Ornamenten! Ein umbauter *Freiraum* mit festgelegter Ordnung. Einzigartige Muster zieren die Wände: Arabesken, Diagramme und ineinander verwobene geometrische Muster als Ausdruck der Schöpfungsordnung und kosmischer Symbolik. Die Sonne ist die zentrale Größe Allahs, von der aus das Licht auf den Mond überströmt und dann die Sterne erhellt. Diese Schöpfungsordnung ist allgegenwärtig und spiegelt sich in den zu Stein gewordenen Mustern. Im Islam ist alles Geometrie. Alle Stadien einer mystischen Reise spiegeln sich in den Ornamenten, der Architektur, der Geometrie, in der Musik, in den Lebensrhythmen und in der mystischen Dichtung. Für die einen ist die Ornamentalik äußere Schönheit, und für denjenigen, der die Symbole versteht, sind sie die Schlüssel und der Zugang zu einer inneren Welt. Eine Moschee ist ein umgebauter Raum Gottes. Hier stehen sich Religion und Mystik gegenüber. Beide sind in diesem Bauwerk vereint in zahllosen Symbolen, die in äußerem Stein ein inneres Geheimnis bewahren.

In diesem Raum, einem abgegrenzten Bereich, verrichten einige Menschen ihre Gebete. Es ist still hier und schafft Raum zur Besinnung.

Als ich die Moschee verlasse, pfeift der Wind durch die Straßen Istanbuls. Ich gehe in den großen Basar, in dessen Zentrum ein kleines Café liegt. Auf dem Weg dorthin bemerke ich, was der Winter auch nicht zu ändern vermag. Einige Teegärten haben Winterbetrieb. Das ist verrückt! Nun gut, es ist zwar bei weitem nicht so kalt wie in Europa, und immerhin sind die Straßen so etwas wie offene Läden. Das Kurioseste daran aber sind die offenen Teegärten. Nein, der Winter wird nicht zur Kenntnis genommen. Der Unterschied zum Sommer liegt darin, daß die Leute, die den Tee trinken, die Teegläser behandeln wie kleine Öfen, um sich die klammen Finger daran zu wärmen.

Wieder ändert sich die Atmosphäre: Brausender Verkehrslärm umfängt mich. Auto nach Auto schiebt sich durch die Straßen wie ein übergroßer, nicht enden wollender Tausendfüßler. Dazwischen drängen sich die Menschen durch. Von allen Seiten wird man zum Kaufen aufgefordert und prasseln die Angebote auf einen nieder. Manche Menschen prüfen die Angebote, andere hasten durch die Stadt. Dort, wo der Schienenstrang der Straßenbahn verläuft, ist es gelungen, eine Fußgängerzone einzurichten, die eine lärmberuhigte Zone schafft und gleichzeitig den Straßenhändlern mehr Platz für ihre Tätigkeiten läßt. Ich zweige ab in Richtung Universität und gehe von dieser Seite in den Basar, denn da kommt man bei dem wunderschönen Bücherbasar vorbei. Dort möchte ich einen Freund auf ein oder zwei Tees besuchen.

Voller Freude heißt er mich in seinem Einraumbuchladen willkommen. Er hat eine Gasheizung, die aus einer Gasbombe mit Heizaufsatz besteht und nur in eine Richtung heizt. Sie gibt demjenigen, der vor der Heizung sitzt, die ganze Wärme und läßt alle anderen, die dahinter sitzen, weiter frieren. Immerhin sitzen wir zu fünft in dem kleinen Raum, und als Gast genieße ich den Vorzug, vor der Heizung zu sitzen, die mich wie die Sonne persönlich anstrahlt. Für die anderen bleibt der Tee die einzig wirkliche Heizung.

Ich sitze im großen Basar im kleinen Café. Rund herum findet ein buntes Treiben statt – ein Gewimmel von Menschen. Riesige Ballen an Waren werden an mir vorbei getragen. Menschen drängen aneinander vorbei. Schuhputzer bieten ihre Dienste an. Kinder verkaufen Papiertaschentücher. Händler überbieten sich mit ihren Angeboten. Etwa 3000 Geschäfte sollen sich im größten gedeckten Basar Europas befinden. Mein türkischer Café wird vom Kellner gebracht. Neben mir sitzen französische Kunststudenten und skizzieren die Gewölbe und die sich darauf befindlichen Arabesken. Mir gegenüber steht eine Säule, übersät mit Souvenirs und den kleinen blauen Medaillons, die gegen den bösen Blick schützen sollen. Während meine Augen über diese Vielfalt streifen, besinne ich mich auf mein eigentliches Anliegen: das Enneagramm.

Bei dem Studium der gängigen Enneagrammliteratur fällt auf, daß alle Autoren immer wieder betonen, daß das Enneagramm aus Sufi-Quellen stamme, welche nie wirklich beim Namen genannt werden. Keiner der Autoren widmet dieser Tatsache mehr als ein bis zwei Zeilen. Man nimmt es zur Kenntnis und stellt damit das Enneagramm auf eine neue kulturelle Basis. Warum, so fragten wir uns, macht sich niemand die Mühe, den Hintergrund zu betrachten, von dem das Enneagramm abstammt? Es wäre dabei nicht einmal notwendig, im Denken der Sufis beheimatet zu sein. Das Lesen der Literatur von Annemarie Schimmel oder Idries Shah würde bereits genügen, um zu erkennen, daß das Vorhandene bestenfalls der Rumpf des Ganzen ist und man das Enneagramm einfach einvernahmt hat. Das, was bleibt, ist die Geometrie des Ostens, die westlich interpretiert wird.

Sufismus ist eine Erfahrungswissenschaft, die von drei Seiten her angegangen werden kann. Ein Sufi-Spruch sagt: “Man muß *wissen*, daß man weiß, in der rechten Absicht *suchen*, oder *geführt sein*.“ Eines davon ist notwendig, um zur Quelle zu finden. Das besagt, daß eine Reise vom wahren Wissen aus beginnen kann, oder daß ich geführt werde oder zumindest die richtige Absicht benötige, um zu finden. Was soll gefunden werden? Die Quelle des Lebens? Hier scheiden sich die Geister, denn der westliche Mensch meint, daß das individuell verschieden sei. Wer hingegen den Sufi-Weg geht, kennt und anerkennt nur eine Quelle des Lebens. Wenn das Enneagramm wahres Wissen ist und nicht nur ein schönes Diagramm, dann muß man gemäß der Sufi-Regel sich ihm in der richtigen

Absicht nähern, um die darin verborgene Quelle zu *erschließen*. Das ist etwas ganz anderes, als das Enneagramm zu *interpretieren*. Die Quelle zu *finden* ist das eine, sie zum *Sprudeln* zu bringen das andere. Mit dem Wissen ist es im Sufismus auch so eine Sache, denn es gilt, folgendes zu unterscheiden: Informationen sind allen zugänglich, Wissen ist eine qualitative Größe, die wiederum der richtigen Haltung des Menschen bedarf, um erschlossen werden zu können. Aus der Sicht der Sufis werden westliche Menschen "collecting people" genannt; "Sammler", deren Leidenschaft darin besteht, "Initiationen, Begegnungen, Erfahrungen, Reisen und Informationen" zu sammeln. Aber all das bedarf der Bewertung und will sorgfältig geprüft werden, denn ein einziges Gramm *wahren* Wissens wiegt eine ganze Bibliothek auf, weil es Nahrung für die Seele ist.

Von Sufis sagt man, daß ihre Sprache die "Sprache des Herzens" sei. Von der Frage des Herzens spannt sich der Bogen zur Quelle des Lebens: mit dem Herzen sehen, eine Frage des Herzens finden, mit dem Herzen suchen, auf das Herz hören. Das Symbol "Herz" ist die Türe zu einer neuen Wirklichkeit, die man öffnen kann und durch die es möglich ist, in einen neuen, unbekannten Erfahrungsraum einzutreten. Es ist ein Weg der Mystik. In diesem Buch wollen wir versuchen, diesen Weg zu beschreiben und eine Verbindung zwischen West und Ost herzustellen.

Über Nasrudin Hodja, der Till Eulenspiegel des Ostens, wird folgende Geschichte erzählt: "Nasrudin hat beim Nachhauseweg seinen Haustorschlüssel verloren. Im Lichtschein einer Straßenlaterne sucht er nun seinen Schlüssel. Sein Nachbar, der eben vorbeikommt, fragt ihn, was er denn hier mache. Dieser antwortet: ‚Ich suche meinen Schlüssel, den ich verloren habe.' ‚Ja, aber hast du ihn denn hier verloren?' ‚Das weiß ich doch nicht', antwortet er, ‚aber außerhalb des Lichtscheines kann ich nicht suchen, denn dort ist es doch dunkel!'"

Suchen ist im Sufismus eine hohe Kunst. Es ist eine Auszeichnung, wenn ein Schüler des Weges ein *sâlik* genannt wird, denn das heißt, daß er ein Wanderer am Sufi-Pfad ist, der *weiß,* wonach er sucht und wo er suchen muß. Das unterliegt der Qualität von *hagg*, und das ist die Wahrheit und Wirklichkeit.

Was also bis jetzt an Enneagrammforschung betrieben wurde, hinterläßt den Eindruck, daß niemand wirklich den Versuch unternahm, den Bereich kennenzulernen, von dem alle sagen, das Enneagramm sei dort zu Hause: den Sufismus. Das Enneagramm ist ein geometrisches Urzeichen, ein Mandala; ein Symbol, das die Ordnung im Kosmos beschreibt. Es kann mit Hilfe der Kultur, in der es beheimatet ist, seiner Religion und besonders mit den Prinzipien des Sufismus verstanden werden.

Wir, die Autoren dieses Buches, haben uns dazu entschlossen, den Versuch zu wagen, das Enneagramm mit dem Verständnishintergrund des Sufismus zu entschlüsseln. Was befähigt uns dazu? Seit Jahren sind wir im Sufismus der

Mevlânâ Tradition verwurzelt und leiten die Dervish Brothers Sufi-Schule. Wir verweisen des weiteren auf das Buch *SEMA – der Wirbeltanz der Derwische*, Urania-Verlag, und die Spiele "Flüstern der Seele", "Flüstern der Liebe" und besonders auf das Meditationsset "Flüstern des Herzens". Es nimmt sich dabei besonders der 99 Namen Gottes an und ist eine Einführung in das Enneagramm als mystischen Weg.

ENNEAGRAMM – EIN GEISTIGES HAUS

Hast du nicht gesehen, wie Gott ein Gleichnis
von einem guten Wort geprägt hat?
Es ist wie ein guter Baum,
dessen Wurzel fest sitzt
und dessen Krone in den Himmel ragt
und der mit der Erlaubnis seines Herrn
zu jeder Zeit Früchte trägt.
[Koran 14/24,25]

Symbole umgeben uns. Markenzeichen sind Symbole, Firmen haben ein sogenanntes "Corporate identity", ein möglichst unverwechselbares Firmensymbol, das sie von anderen Firmen unterscheidet und ihre Produkte oder Dienstleistungen bezeichnet. Fast jeder kennt den Mercedes-Stern oder die Coca-Cola-Flasche. Staaten haben Fahnen und andere Embleme als Symbole. Religionen haben religiöse Symbole. Wer das Kreuz sieht, denkt an das Christentum, und der Halbmond steht für den Islam. Symbole zeigen also auf etwas anderes, etwas Dahinterliegendes.

Eine andere Art von Symbolen bilden die Statussymbole der Gesellschaft. Wer trägt welche Uhr oder fährt welches Auto? Wieviel zählt eine dicke Brieftasche und wie kommt mein neues Parfum an? Welche Zigarettenmarke raucht man heute, und welche Mode ist in? Diese Beispiele sind Symbole des "Habens". Die Welt erzeugt Symbole, kommuniziert mittels Symbolen und lebt manchmal "symbolisch". Wir leben regelrecht mit einer Symbolsprache. Wer seiner Freundin Schmuck schenkt, der schenkt sein Herz. Symbole können dabei Charakter durch Charakteristika ersetzen. Dabei ist diese Art von Symbolen bestenfalls eine Speisekarte: Sie setzen Signale und teilen mit, daß noch mehr dahinter steckt.

Traumsymbole verweisen auf das Nichtbewußte und können gedeutet werden. Beziehungssymbole sind Sprachchiffren, die nur die Menschen verstehen können, die sie zusammen entwickelt haben. Es gibt *Horizontalsymbole* und *Vertikalsymbole*. Bei den *Horizontalsymbolen* stellt sich das Problem, daß sie außen schön und innen leer sein können. Das Symbol einer Taube macht noch keinen Frieden. Ein schönes Geschenk wärmt das Herz, ist aber kein Ersatz für Liebe.

Symbole – Wurzelzeichen des Lebens

Das Stichwortverzeichnis gibt zum Wort "Symbol" folgende Auskunft: *Sinnbild, Wahrzeichen, Gleichnis, Vorstellung, Metapher, Merkmal, Eigenschaft, Anhaltspunkt, Hinweis, Fingerzeig, Besonderheit, Kennzeichen, Charakteristikum, Erkennungsmerkmal.* Es ist also ein abstraktes Zeichen für konkretes Leben, von dem man nicht abbeißen kann. Wer gibt sich schon mit dem Bild eines herrlichen Apfels zufrieden, wenn daneben auf einem Obststand der *wirkliche* Apfel liegt? Die Werbung lebt davon, mit Symbolbildern den Appetit [auf das Kaufen] anzuregen.

Vertikalsymbole sind von einer anderen Art. Ganz normale Zeichen wie Wasser, Sonne oder ein Händedruck können in bestimmten Lebenssituationen oder in veränderten Zeitqualitäten wie bei Geburt, Streit, Hochzeit oder Tod zu Gefäßen einer ganz anderen Art werden. *Wasser* wird ein *Transzendenzsymbol* und stillt nicht nur den Durst oder reinigt, sondern bekommt eine umfassende Bedeutung wie z.B. *Wasser des Lebens*. Die *Sonne* wird zum *Zeichen Gottes,* und der *Händedruck* zweier Menschen, die sich versöhnt haben, wird zum *Friedensgruß*. Das sind keine *abstrakten* Symbole mehr, sondern sie ragen in das Leben hinein, verändern es, sprechen eine neue Dimension an und geben dem Leben einen neuen Sinn. Es sind lebendige Sinnbilder für etwas Neues und schaffen den Zugang zu einer neuen Dimension. Das Symbol wird zum Träger einer lebendigen Botschaft, zum Schlüssel einer neuen Erfahrung.

Symbole – Erkenntnis der Wirklichkeit

Eine andere Kategorie stellen die *universalen Symbole* dar. Sie sind die Schlüssel zu *Wirklichkeit* und *Wissen*, die zunächst keine Prüfung durch die eigenen Erfahrungen zulassen. Dies ist neu und macht den westlich orientierten Menschen große Probleme, denn wer akzeptiert schon, daß es außerhalb seiner Wahrnehmung und seines Wissen etwas gibt, das sich seinem Zugriff entzieht? Das drückt sich auch im Umgang mit den Religionen aus und ist mit "Subjektivität" zu benennen. Dies bedeutet z.B. folgendes: Wirklich ist, was ich erfahre! Wahr ist, was ich als solches erkenne! Somit wird die Prüfung der Wahrheit mit Hilfe der eigenen, subjektiven Wahrnehmung vorgenommen. Dieses Verhalten ist im Sufismus schon alleine deswegen unzulässig, weil Wahrheit und Wirklichkeit *Qualitäten Gottes* sind, die von oben nach unten fließen und der menschlichen Wahrnehmung entzogen sind.

Es heißt, daß der Vollkommene das Unvollkommene erkennt und nicht umgekehrt. Aber welcher Mensch gesteht schon gerne seine Unvollkommenheit ein? Vor allem, wenn das Eingeständnis bedeutet, die Kontrolle über Wissen und Wirklichkeit aufzugeben? Dennoch kann wahres Wissen nicht wie Information konsumiert, sondern nur mit offenem Herzen empfangen werden.

Wer also mit der größeren Wirklichkeit im Leben korrespondieren will, der wird auf die Symbole zurückverwiesen. Es kann nicht genug betont werden, daß im Sufismus Symbole keine "Stellvertreterfunktion" innehaben, sondern eigentliche Schlüssel sind; allerdings *festgelegte* Schlüssel, die, in der richtigen Einstellung angenommen, viele Türen des Herzens aufsperren. Wer diese Symbole berührt, dem öffnet sich der Zugang zur "Sonne hinter der Sonne" oder wird "das Herz im Herzen" zugänglich.

Der brennende Dornbusch im Alten Testament, die Sakramente im christlichen Raum und die 99 Namen Gottes[1] im Islam sind solche Zugänge zum "Lebensgeheimnis".

So, wie ein Lift auf die Berührung der Kontaktknöpfe reagiert, zum gewählten Stockwerk fährt und sich dann die Lifttüren *automatisch* öffnen, öffnen sich Türen zu neuen Dimensionen des Lebens, wenn *offenen Herzens* die Symbole *berührt* werden. Die Berührungspunkte sind Symbole. Sie zu berühren heißt, auf die *Resonanz* zu achten, die sie im Inneren auslösen. Symbole lösen starke oder sehr feine Empfindungen in uns aus. Kraftvoller Widerstand, Zorn, aber auch Weinen kann dabei erlebt werden. Dahinter können noch feinere Empfindungen auftreten, die ganz nahe am Atem liegen und einer intensiven Wahrnehmungsschulung bedürfen, weil wir kaum wissen, daß dort noch eine feine und unerkannte Qualität des Lebens existiert. Wer den ganz ruhigen und zarten Luftaustausch *spürt*, hat die Fähigkeit entdeckt, berührbar zu sein. Den Atem zu spüren und nach innen zu *horchen*, um zu erkennen, was in uns wachgerufen wird, ist eine sehr feinfühlende Sufi-Übung. Intuition, Imagination und Inspiration hängen an dem gleichen zarten Faden. Wer sich darauf einläßt, muß *zuhören* können, und er braucht *subr*, das heißt "Geduld", eine Haltung, die wieder den Garten in Erinnerung ruft. *Subr* ist die Haltung eines Gärtners, der seine Samen sät und damit das Seine getan hat und darauf vertraut, daß eine andere Kraft dafür sorgt, daß die Saat aufgeht und wächst.

Das Enneagramm bezeichnet neun Stockwerke des Lebens. Jedes dieser Stockwerke gibt Auskunft darüber, was zu tun ist, um das nächste höher- oder tiefergelegene Stockwerk zu erreichen. Allerdings verbinden die Stockwerke kein Lift, sondern Wege und Treppen. Jedes Stockwerk ist mit einem Symbol gekennzeichnet und bildet damit ein Tor zu einer Lebenswirklichkeit, die mit der Geburt beginnt und mit dem Tod auf der sichtbaren Seite der Welt endet. Symbole sind Menschheitsgut und gehören allen. Sie können von allen Menschen wie Sonne und Luft verwendet werden, je nach Fähigkeiten und persönlichem Interesse. Universale Symbole werden nicht wie Firmensymbole erfunden, sondern erkannt. Das Enneagramm zählt somit zu den universalen Symbolen, die helfen, Lebensgeheimnisse zu entschlüsseln, und die darauf warten, "erkannt" zu werden.

SYMBOLE – TRANSZENDENDETE FENSTER

Symbole sind in ihrer Bildersprache "Fenster des Herzens". Sie knüpfen an Erfahrungen an, die im Leben gemacht werden, und spiegeln diese. Abstrakte Begriffe, Metaphern und Geschichten verdichten das Leben brennpunktartig. Sie öffnen die Wahrnehmung und das Erkennen und *fokussieren* diese.

Allerdings setzen sie eine Form von Vorerfahrung voraus; denn jedes Symbol muß dem menschlichen Leben zugrundegelegt worden sein, um später aus den Tiefen des Unbewußten eine Resonanz zu erzeugen. Ein Mensch, der als Kind die Erfahrung der Liebe und Geborgenheit gemacht hat, wird sich im späteren Leben aufgrund bestimmter Zeichen, wie einer besonderen Stelle im Wald, einer Bank, einer Puppe, des Teddybären, wieder an diese Symbole erinnern können. Sie sind wie ein Anker, der an einem Seil in das Wasser gelassen wird und woran man das Boot festmachen kann. Symbole verankern Wirklichkeit.

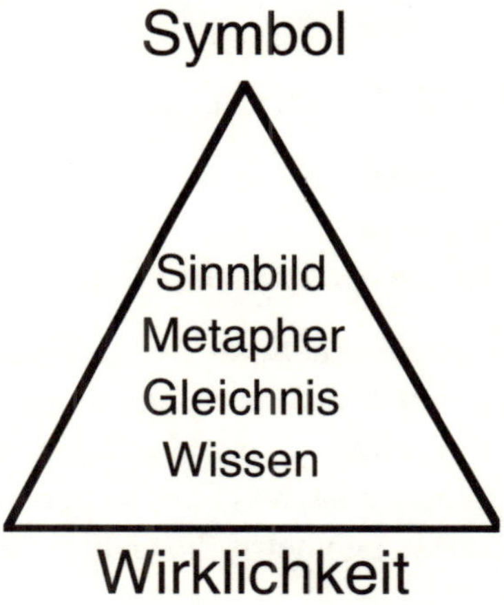

Symbole verbinden uns mit etwas anderem, und sie sind Zugänge zu Wirklichkeiten. Sie sind auch Transiträume zu Wirklichkeiten, mit denen uns [noch] keine Erfahrungen verbinden. Dort erhalten sie einen neuen Namen und heißen "wahres Wissen". Die Menschheitsgeschichte ist eine Symbolgeschichte. Alles beginnt mit dem Apfel.

Ein vertikales Symbol ist verankerte Wirklichkeit. Ein wirklicher Apfel, das Bild eines Apfels und das Wort Apfel sind unterschiedliche Ebenen ein- und derselben Wirklichkeit. Allein das Bild eines großen, runden, rot leuchtenden Apfels läßt einem das Wasser im Munde zusammenlaufen. Es ist die lebendige Verheißung, daß er herrlich schmecken wird. Aber niemand wird deshalb auf das Kosten des wirklichen Apfels verzichten wollen, weil das Bild so schön ist.

Es ist also notwendig, daß man eingeladen wird, neue Erfahrungen zu machen: zur Erfahrung mit dem Apfel, mit Radfahren, mit Reisen und auch zum Umgang mit dem Enneagramm. Und es ist genauso notwendig, daß man sich auf diese unbekannten und neuen Impulse im Leben einläßt. Es gilt zu verstehen, daß das Enneagramm wie ein Brunnen ist, der in die Tiefe geht. Es besagt: "Erkennst du das Zeichen, dann findest du Wasser!" An der Oberfläche ist nur ein Balken, ein Seil, eine Seilwinde und ein Eimer zu sehen. Drei Dinge gehören zusammen: Jemand, der Durst hat, ein Brunnen und Wasser. Am Sufi-Weg heißt es: "Nicht [nur] der Durstige sucht das Wasser, sondern das Wasser findet den Durstigen." Werden hier Erfahrungstatsachen auf den Kopf gestellt oder ist das eine Metapher für eine andere Wirklichkeit?
Am Sufi-Weg wird man von universalen Symbolen[2] erweckt, umgewandelt, und durch die Symbole drückt man sich aus. Symbole sind Wirklichkeiten, die in der Natur der Dinge enthalten sind. Es mutet wie ein Sprachspiel an, wenn man sagt: "Die gesamte Reise des Lebens ist eine Reise in Symbolen, aber sie kann nicht symbolisch unternommen werden."

DAS ENNEAGRAMM ALS BILD UND GLEICHNIS

Die Zahl ist das geistige Bild,
das in der menschlichen Seele
durch Wiederholung der Einheit entsteht. [Ikhwan al-Safa]

Im Sufismus sind Symbole die Sprachform für die Schöpfungsordnung[3] Zahlen und Buchstaben sind ebenfalls Symbole. Im Arabischen wird jedem Buchstaben ein Zahlenwert zugeordnet. Man kann sie als einen "Kurzcode" verstehen, in dem alles enthalten ist, was man wissen muß. Der Zahlenwert wird dann von dem Architekten[4] in geometrische Gebilde wie z.B. in eine Gartenanlage und in architektonische Formen umgesetzt.

Wenn einzelne Symbole zusammengefaßt werden, dann entstehen komplexe Diagramme. Das Enneagramm enthält einzelne Symbole, die miteinander und ineinander stehen. Man kann sie herauslösen, das Beziehungsgeflecht auflösen und sie als einzelne Bausteine betrachten. Ein regelrechter Schöpfungsplan wird daraus sichtbar, und man kann beginnen, den "Bauplan" zu verstehen.

Das Enneagramm, das wir hier betrachten, hat Ähnlichkeit mit einem Rad. Es wird sichtbar, daß es eine Mitte braucht. Des weiteren wird sichtbar, daß es von zwei Kräften beherrscht wird: einer statischen, die dem Enneagramm die Struktur gibt, und einer dynamischen Kraft, die sich entfaltet, wenn wir beginnen, uns im Enneagramm zu bewegen. Auffallend ist, daß keine Speichen zum Mittelpunkt führen und sie so keinen Einfluß darauf haben, der Zentrifugalkraft entgegenzuwirken. Das wird uns zu einem späteren Zeitpunkt noch beschäftigen.

In folgenden geometrischen Formen drücken sich vertikale Symbole aus. Sie lassen sich einzeln herauslösen und entfalten. Sie haben im Sufismus folgende Bedeutungen:

GRUNDLEGENDE SYMBOLE DES ENNEAGRAMMS

Der Kreis – die Vollkommenheit

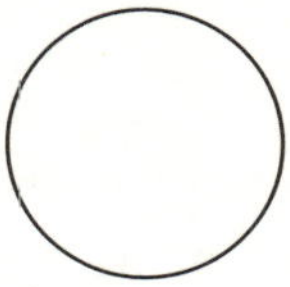

Der Kreis ist das Symbol für Vollkommenheit und für die Essenz[5] des Lebens. Unter Essenz versteht der Sufismus *ruh*[6] als eigenständige Qualität Gottes. Ohne *ruh* kein Leben. Es ist das "atmende Leben", das Gott gibt und nimmt. Es bedeutet auch die Erlaubnis zum Leben, denn im Sufismus geschieht nichts auf dieser Welt ohne die Erlaubnis Gottes. Der Kreis symbolisiert auch noch den Abstieg und den Aufstieg in andere Dimensionen.

Der Kreis mit dem Punkt – der Schöpfer

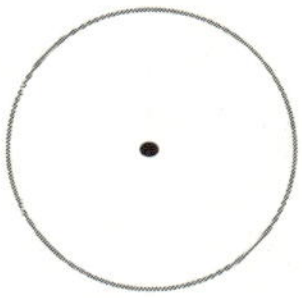

Der Kreis und der Punkt zeigen die Einheit des Seins. Alles geht von dem einen aus und kehrt dorthin zurück. Die Symbolbilder, die darauf Bezug nehmen, sind: Quelle, Wasser des Lebens, Lebensbaum, Garten usw. "Ich war ein verborgener Schatz, und ich wollte erkannt werden; deshalb erschuf ich die Welt." [Hadith des Propheten] Gott tritt in die Welt der Erscheinung durch Symbole und die daran geknüpften Eigenschaften. Gott will als das große DU erkannt und begriffen werden.

Das Dreieck – die Seele

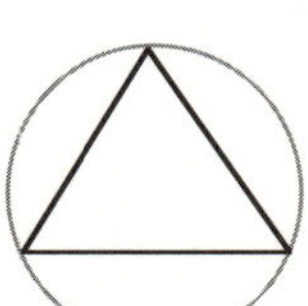

Mit dem Dreieck wird das Einmalige und Unverwechselbare des Menschen beschrieben. Es ist der Funke zur Selbstwerdung, zum ICH, in seiner Beziehungsfähigkeit zur Welt, zum DU und zu Gott begründet. Gott wird damit zum Erkennenden, er anerkennt und wird erkannt! Der Seele sind die korrespondierenden Eigenschaften zum Schöpfer zugrundegelegt worden.

Das Fünfeck – die Natur

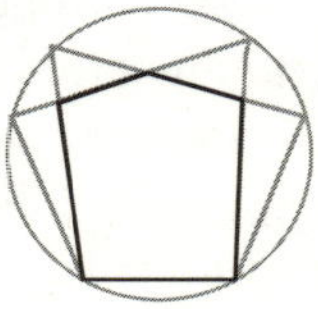

Das Fünfeck beschreibt die fünf Grundstoffe [Äther, Feuer, Luft, Wasser und Erde] und die fünf Sinne [Sehen, Riechen, Schmecken, Tasten und Hören], die als Grundbausteine des Lebens miteinander in Verbindung gebracht werden. Es stellt den Menschen in seinen Bezugsrahmen. Es beinhaltet die Charakteristika des Lebens.

Das Sechseck – der Körper

Der Körper bedeutet die sichtbare Seite einer "Vorstellung". Der arabische Begriff ist *wham*, das ist die in das Leben gebrachte Vorstellungskraft. Jede Realisierung einer Idee benötigt die Materie. Darin sind die Prinzipien des "Werdens und Vergehens" festgeschrieben.

Das Siebeneck – das Universum

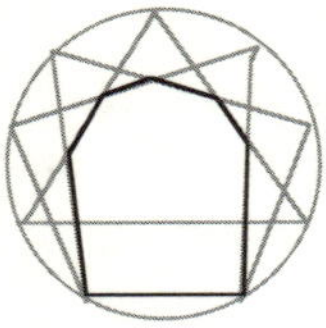

Der Kosmos ist auf der Sieben aufgebaut. Religion und Mystik kennen die Sieben in unterschiedlichen Darstellungsarten. Im Sufismus spiegelt das Siebeneck sieben aktive Kräfte: Anziehung, Erhaltung, Verdauung, Abstoßung, Ernährung, Wachstum und Formung.

Das Neuneck – das Wesen dieser Welt

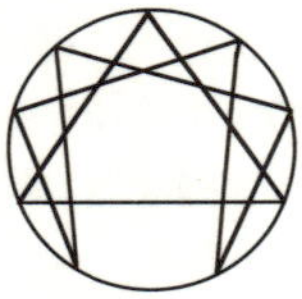

Ein Sufi-Spruch sagt: "Der Mensch lebt in dieser Welt, aber er ist nicht von dieser Welt." Wie sehr er mit ihr verwoben ist, zeigen die neun Elemente des Körpers: Knochen, Gehirn, Nerven, Adern, Blut, Fleisch, Haut, Nägel und Haare.

Im folgenden Gedicht von Rumi, einem großen Mystiker des 13. Jahrhunderts, wird der eben beschriebene Schöpfungsaufbau *mystisch* beschrieben und zusammengefaßt. Es zeigt das Wesen dieser Welt:

Ich starb als Mineral und wurde Pflanze;
als Pflanze starb ich und wurde Tier.
Ich starb als Tier und wurde Mensch.
Warum also fürchten, im Tod ein Nichts zu werden?
Bei meinem nächsten Tod
werde ich Schwingen hervorbringen
und Federn wie Engel;
dann – mich höher aufschwingend als Engel –
was ihr nicht erdenken könnt, ich werde es sein. [Rumi]

Nachfolgend noch eine grafische Zusammenfassung des entschlüsselten Schöpfungsplans. Ergänzend fügen wir noch an, was im geometrischen Aufbau des Enneagramms fehlt: Die Zwei, die Vier und die Acht. Eine Begründung fehlt, weil man sich sonst in Spekulationen verliert.

Die Zwei steht in der geometrischen Form als Linie für den Intellekt; die Vier für die Materie und die Acht für die Eigenschaften und die Töne in der Musik.

Es darf vermutet werden, daß sie keine wesentlichen Anteile für die persönliche Entwicklung und das eigene Wachstum darstellen. Da der Sufismus in keiner Weise *denkfeindlich eingestellt* ist und im Gegenteil höchsten Wert auf *richtiges* Denken und *richtiges* Schlußfolgern legt, muß hier Intellekt und die *Kunst des folgerichtigen Denkens* sorgfältig auseinandergehalten werden. Wie man jederzeit erkennen kann, ist zwar Schulbildung oder akademisches Studium für eine Karriere notwendig, aber selten "innerlich" lebensentscheidend.

Ikone, Wesen und Abbild der Schöpfung

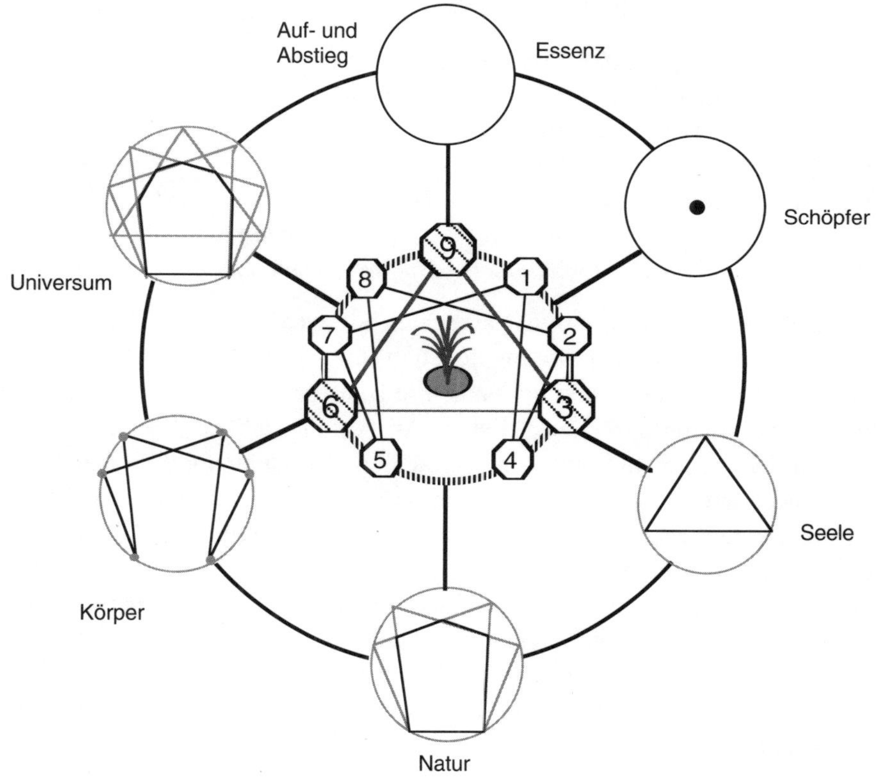

Das Symbolverständnis, wie wir es hier entfaltet haben, spiegelt sich in der Ikonenmalerei der Ostkirche wieder. Während die Ikonen der Ostkirche bildlich dargestellt sind, ist die Enneagramm-Ikone abstrakt. Eine Ikone, wie sie z.B. am Hl. Berg Athos gemalt wird, unterliegt genauen Regeln der Malkunst. Ebenso ist jeder orthodoxe Christ intuitiv in der Lage, sie "richtig zu interpretieren", indem er sie liebt und innig verehrt. Die grundsätzlichen Regeln für das Malen einer Ikone bestehen darin, daß sie einerseits erbeten wird und dann andererseits ein langer Prozeß des meditativen Malens folgt. Eine Ikone stellt im zweidimensionalen Bild, in durchaus abstrakter Weise, das Wesen des Heiligen dar. Die dritte Dimension wird vom Betrachter der Ikone gebildet.

Eine Ikone wird nicht für Kunstkritiker erstellt, sondern für Menschen, die bereit sind, sich vom inneren Geheimnis der Schöpfung berühren und mitunter erschüttern zu lassen. In diesem Sinne ist es zu verstehen, daß "Symbol und Ikone" ineinander übergehen und ein- und dasselbe sind.

DER AUFBAU DES ENNEAGRAMMS

1. Die Ebenen des Enneagramms:

1. Die Ebene der 0 ... der Kreis – Die Essenz
2. Die Ebene der 1 ... der Kreis und der Punkt – Der Schöpfer
3. Die Ebene der 3 ... das Dreieck – Die Seele
4. Die Ebene der 5 ... das Fünfeck – Die Natur
5. Die Ebene der 6 ... das Sechseck – Der Körper
6. Die Ebene der 7 ... das Siebeneck – Das Universum
7. Die Ebene der 9 ... das Neuneck – Das wahre Wesen

Im Aufbau des Enneagramms begegnen wir wieder sieben Ebenen. Diese sieben Elemente des Enneagramms stehen in einem bestimmten Gefüge "siebenfach zu- und ineinander" und bilden so die Bausteine fürs menschliche Leben. Schritt für Schritt entfalten sie das Leben. Am Anfang steht der Kreis, in ihm steht der Punkt. Dreieck, Fünf- und Siebeneck stehen ineinander und gehen im Sieben- und Neuneck auf: der Bauplan der Schöpfung! Sieben Symbolelemente und sieben Seinsebenen sprechen aus, was ein Sufi-Spruch meint: "Der Mensch ist ein Wesen in dieser Welt, aber nicht von dieser Welt." Er ist zu Wachstum und zur Entfaltung berufen. Das Enneagramm ist ein *ineinandergefalteter* Bauplan des Daseins, der *auseinander*gefaltet werden kann. Im Sufismus schließt das Öffnen oder Entfalten auch das Verstehen der Dinge hinter den Dingen ein.

Folgende Abbildung veranschaulicht die Beziehungs- und Daseinsebenen des Enneagramms:

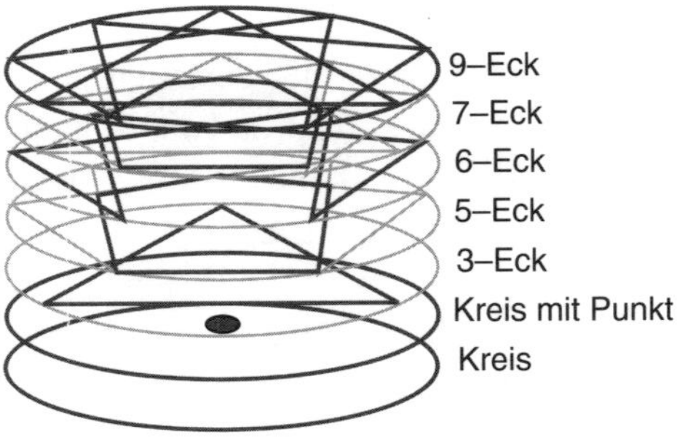

Wenn das Leben als Theater gesehen werden kann, so geht es nicht nur um den Vordergrund und den Hintergrund auf der Bühne, sondern auch um das Verständnis der Regieführung. Im Enneagramm zeigt der Regisseur seine hohe Kunst der Regieführung, und er will verstanden werden.

Mit Hilfe der Geometrie und der Deutung, die aus dem mystischen Raum des Islam kommen, wird das Verständnis für das "Wozu" des menschlichen Lebens möglich.

Es läßt sich aus dem Sufismus heraus sagen, daß *Gott* **[1]** als Geber von allem Guten den Menschen *Leben* **[3]** einhaucht. Genau genommen bedeutet das Wort Seele, daß Gott die Erlaubnis zum Leben gibt. Er stattet den Menschen mit einer unverwechselbaren *Natur* aus **[5]**, stellt ihn mit beiden Beinen auf die *Erde* **[6]**, spannt ihn nach oben hin zum *Himmel* aus **[7]** und sendet ihn damit auf die Reise nach seinem wahren *Wesen* **[9]**.

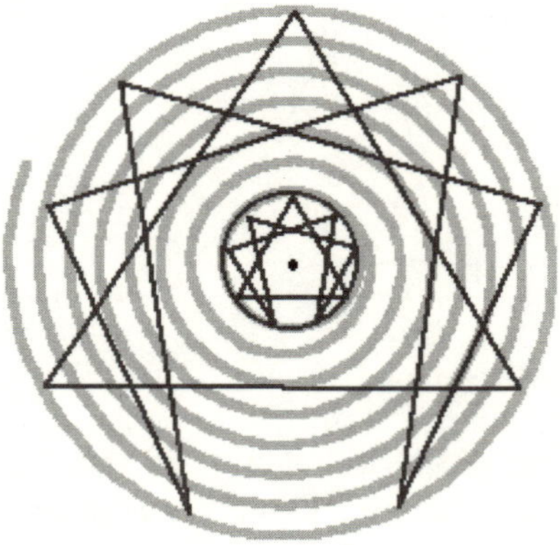

Das Enneagramm stellt sieben existentielle Fragen:

1. Was will ich? Was ist der wichtigste Bezugspunkt meines Lebens?
2. Was erkenne und anerkenne ich? Wer oder was gibt meinem Leben Sinn?
3. Worauf bezogen handle ich?
4. Was oder wer erlöst mich? Was ist oder sind für mich der/die höchste[n] Wert[e]?
5. Wem gebe ich die Verantwortung für mein Leben?
6. Will ich überhaupt leben bzw. weiterleben [auch über den Tod hinaus]?
7. Wer bin ich? Was macht mich zufrieden? Wie bekomme ich den inneren Frieden?

Damit stellt das Enneagramm die Frage – und gibt auch Auskunft darüber –, *wozu* wir Menschen auf der Erde sind und welche Zukunft *möglich* ist, über die letztlich jeder einzelne Mensch in Eigenverantwortung entscheidet. Die sieben

Ebenen des Enneagramms werden uns im zweiten Kapitel des Buches in der Entfaltung der Lernebenen wieder begegnen. Die oben angesprochene Symbolik des Rades findet ihre Erklärung darin, daß das alles Entscheidende die innere Mitte des Menschen ist. Was meine Mitte bildet, das prägt entscheidend mein Leben. Im Sufi-Weg der Mevlânâ-Rumi Tradition ist es Gott – nicht als der Beherrschende, sondern als der *freie* Dialog- und Beziehungspartner des Menschen. Gott ist dabei kein Bestandteil des Menschen, über den nach persönlichem Belieben verfügt werden kann. Wenn der Mensch seine Fähigkeiten entwickelt, dann steht er in Freiheit Gott gegenüber und ist bereit, Ihn anzuerkennen: Gott schließt mit dem Mensch einen Bund, dessen Symbol[7] der *Regenbogen* ist.

Wie tief die Sieben im islamischen Denken verwurzelt ist, zeigt die nachfolgende Abbildung eines Minarettes aus dem Irak[8]. Es ist die große Moschee in Samsara und hat 7 Stufen. Sie wird als "Malwigya" (die Spirale) bezeichnet.

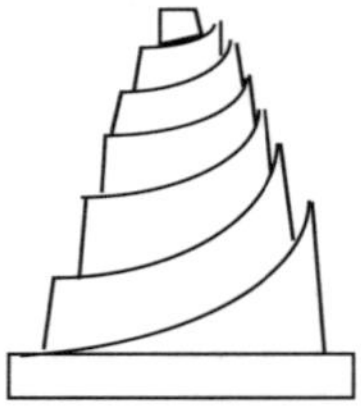

2. Die Lebensdynamiken

In folgender Darstellung des Symbols wird stärker das Innen und das Außen sichtbar und damit die "Lebensentwicklung", aber auch die "Lebensverengung" gezeigt. Man kann Leben gewinnen, aber auch verlieren: Es gibt keine Automatik, daß das Leben glückt, aber es gibt einen negativen Sog, der dafür sorgt, daß sich das Leben verengt; ich brauche nur "nichts" zu tun. Im Bauplan der Schöpfung ist inbegriffen, daß der Mensch, der will, daß sein Leben gelingt, dafür die Verantwortung übernehmen muß.

Die Zyklen, die bewußt oder unbewußt im Leben durchlaufen werden, sind ein Gradmesser des persönlichen Wachstums. Wenn man den Jahreskreislauf betrachtet, so wird jedes Jahr Weihnachten, so wie wir in jedem Enneagrammzyklus die 1, 2, 3… berühren. Es ist dabei unerheblich, ob diese Tatsache bewußt wird oder nicht. Es ist eben so. Nur, für denjenigen, der das Leben bewußt durchwandert, kann jeder *Geburtstag* zu einem persönlichen Kontrollpunkt seines Wachstums werden. Die Wiederholung der jährlichen Geburtstagsfeier ist dann ein Fest des Lebens, weil ich mit der Wiederkehr erkennen kann, daß ich im Jahreszyklus ein wenig gewachsen bin; sonst wird dieser Tag zur Mahnung, daß man sich schleunigst ändern sollte.

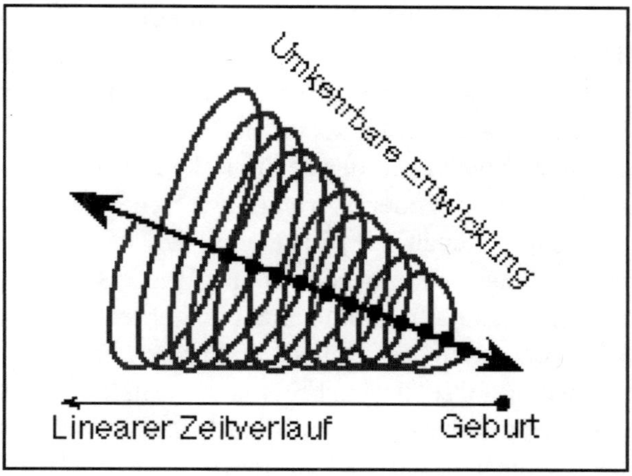

Die obige Entwicklungsspirale zeigt, daß das Enneagramm nicht die Illusion unterstützt, daß sich Leben "automatisch" und wie von Zauberhand immer weiter entwickelt, bis man das Lebensziel erreicht. Lebenszeit verläuft *linear*; Entwicklung ist *umkehrbar* und kann sich sehr wohl verengen. Verwicklung und Entwicklung sind von einem lebenswichtigen Faktor abhängig: von der persönlichen *Arbeit* an der Unvollkommenheit. Die *Arbeit* an der Entwicklung des Lebens und am persönlichen Wachstum unterliegt aber, aus der Sicht des Sufismus, bestimmten Gegebenheiten. Dies wird später noch gezeigt werden.

Die dem Enneagramm folgende *Arbeit* trägt sehr rasch positive Früchte, die überprüfbar sind, und beinhaltet den berechtigten Optimismus, daß, im Falle einer vorhandenen "Lebensverengung oder Stagnation", diese mit Hilfe des Enneagramms erkennbar werden und wieder in das Positive umkehrbar sind.

3. Die Bildmetamorphose

Eine dem Enneagramm innewohnende Fähigkeit ist seine "Bildmetamorphose". Damit ist gemeint, daß es in den verschiedensten Formen *wiedererkannt* werden kann: in der Symbolik des Rades, in Blumen, in der Architektur, in der Natur, der Symbolik der Religionen und im alltäglichen Leben. Überall ist es möglich, das Enneagramm oder Teile daraus *wiederzuerkennen.* So wird verstehbar, daß die Schöpfung in "Symbolen und Bildern" und – was noch viel wichtiger ist – in "Zeit-, Erfahrungs- und Lebensqualitäten" zu uns spricht.

Man stelle sich vor: Irgendwo in einer Stadt, in der ich es nicht erwarte, treffe ich einen Bekannten. Ich zucke zusammen und schaue genau hin. Ein Mensch kommt mir bekannt vor; aber nein, das ist doch unmöglich. Der kann doch gar nicht hier sein. Aber die Sache muß geprüft werden. Diese Ähnlichkeit! Ich gehe noch näher heran. Unglaublich, aber das ist doch tatsächlich mein Bekannter! Ich erkenne ihn! Hallo! Er dreht sich zu mir um, und ein Staunen steht in seinem Gesicht. Du bist hier! Was für ein Moment des Einandererkennens! Einen Augenblick lang wurde der Schleier des Denkens zerrissen, und man *"erkannte"*, staunte und begriff. Das ist damit gemeint.

Wer Zugang zum *Erkennen* hat, der gewinnt die *Erkenntnis*. Erkennen ist im Sufismus viel mehr als denken oder interpretieren. Es beschreibt den *Durchbruch* zu einem unmittelbaren Zugang des Erfassens, des Verstehens, der weit über kognitives Denken hinausweist: im Sinne eines Wiedersehens mit einem Menschen, den man lange Zeit nicht gesehen hat und der jetzt unerwartet vor einem steht. So ein Wiedererkennen kann Schock und Freude gleichermaßen auslösen.

Alle Symbole sind Hilfen zu diesem Erkennen. Sie helfen, uns an unser wahres Wesen zu *erinnern*. Das ist der Zweck und die Absicht der Schöpfung: *Die Kunst, sich zu erinnern.* "Wahrlich, wir sind Gottes, und zu Ihm kehren wir zurück." [6/156]

4. Geistige Stationen im Symbol

Geistige Stationen, *maqâmât*[8], sind Stufen des Aufstieges, die durch Arbeit an der eigenen Vervollkommnung erreicht werden. Sie werden durch die Symbole beschrieben und können als solche *erkannt* werden.

Die Form spiegelt je nach Darstellung den aktiven und passiven Anteil und damit zwei Schöpfungsprinzipien wider. Unter passiv ist jedoch nicht *Trägheit* zu verstehen, sondern *Hingabe, Annahme und Akzeptanz*. Beide Prinzipien sind in einer Form vereint. Die Form in der Form verweist wieder auf den Sufismus und seine Eigenart, Zustände in ineinandergefalteter Form zu beschreiben.

So gehen die vier Paradiesgärten ineinander über, oder das Licht hinter dem Licht wird gesucht. Immer geht es nach innen, und im Inneren öffnet sich neuerlich eine Tür, die weiter nach innen führt. Das ist das Konzept des Lebens, das sich Schritt für Schritt unendlich entfaltet. "Wachset und [ver]mehret Euch!" heißt der Auftrag an *Adam*, den ersten Menschen.

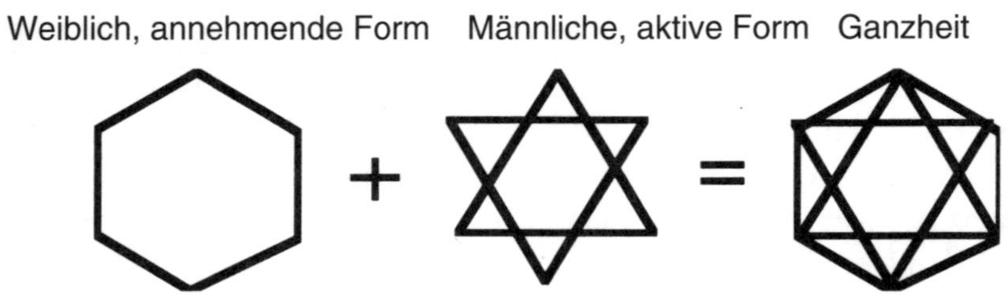

Jedes Zusammentreffen des männlichen und des weiblichen Prinzips stellt eine Vereinigung dar und beschreibt eine mystische Hochzeit. Sie wiederholt sich auf allen Seinsebenen. Es sind geistige Pole, zwischen denen sich der Suchende bewegt: zusammenziehen und ausdehnen; Zusammensein und Trennung; Nüchternheit und Ekstase. Geometrie und Arabesken spielen mit diesen Formen, und sie bringen Ordnung in das Dasein. Immer wird hier ein Zeugungsakt beschrieben, denn aus dieser Vereinigung entsteht etwas Drittes, Viertes usw. Ein Netzwerk von Zusammenhängen entsteht, da eine Form [ein Mensch] nie für sich allein steht. Für die einen ist es eine ästhetische Spielerei, für die anderen öffnen sich Zugänge zu neuen Welten. Die Grenze zwischen den Welten bildet das Symbol.

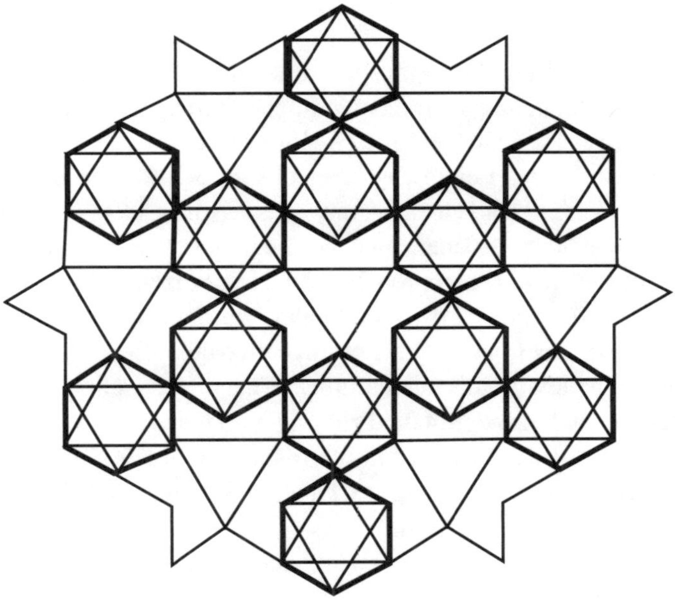

Zusammenfassend zeigt das Enneagramm den Weg des Menschen von seinen ersten Schritten im Leben bis in die höchste Entfaltung seiner Möglichkeiten. Es beginnt im Alltäglichen und führt in die Mystik. Das Enneagramm ist zyklisch angelegt und bildet ein nach oben und innen offenes Lebensmodell. Es besagt, daß es Dinge gibt, die sich wie die Jahreszeiten immer und immer wieder wiederholen, bis sie gelöst werden. Ich alleine entscheide, ob diese Wiederholung auf der gleichen Ebene passiert oder ob aufgrund eines gemachten Lernschrittes die nächst höhere Ebene erreicht wird. Das Leben macht keine Sprünge, aber das bedeutet nicht, daß es verboten ist, *große* Schritte zu unternehmen, sagt ein Spruch. Das Leben ist immer nach vorne hin offen.

5. Ordnungsprinzipien

Im Sufismus sind Ordnungsprinzipien wie Kanäle, die den Lebensfluß steuern. Im vorherigen Beispiel wurde gezeigt, wie die Form in der Form das weibliche und das männliche Prinzip symbolisiert; daraus entsteht die Ganzheit. Im Alten Testament[9] heißt es: "Gott schuf also den Menschen als sein Abbild; als sein Abbild schuf er ihn. Als Mann und Frau schuf er sie." Sowohl das Männliche, aktiv gebende, als auch das Weibliche, empfangend und nährend, sind in einer Form ausgedrückt. Es sind Gefäße, die das Leben auffangen und weiterleiten sollen, sofern sie durchgängig sind. Ordnung ohne Leben erstarrt und ist Ausdruck des Abgestorbenen.

Das Enneagramm zeigt Ordnungsprinzipien des Kosmos. Im Enneagramm ist sowohl das männliche als auch das weibliche Prinzip gegenwärtig. Aber ohne *inneres Leben* ist das nur ein Abbild und bleibt als Buchstaben tot. Das Enneagramm zeigt die Flußlinien des Lebens, ist aber in sich nicht mehr als der Kelch, der gefüllt werden kann. Das Enneagramm ist ein Ausdrucksmittel dafür, wie der Mensch Leben *gewinnen*, aber auch *verlieren* kann. Es zeigt aber auch, wie abgestorbenes Leben *neu belebt* werden kann. Die einzelnen Enneagrammpunkte können also als *Energieschalen* verstanden werden, die geöffnet sein sollen, damit das Wasser des Lebens darin in reichem Maße fließt.

Ein gutes Beispiel für die sich immer erneuernde Lebensenergie sind die Jahreszeiten: Jedes Jahr kommt der Frühling, und jedes Mal, wenn ein Zyklus im Enneagramm absolviert wurde, im Großen wie im Kleinen, verweist das Enneagramm auf vorhandene Lebenschancen. Solange ein Mensch atmet, kann er sich auch ändern und wachsen.

Das Enneagramm informiert. Es zwingt aber niemandem den nächsten Schritt auf. Es zeigt die Möglichkeiten, stellt aber frei, ob der einzelne sie ergreift. Es verweist auf die persönliche Verantwortlichkeit, aber drängt sie niemandem auf.

Durch seine Symbolik öffnet sich das Enneagramm demjenigen, der es will und der die Absicht hat zu lernen. Es öffnet sich auf der Ebene, die einem Menschen angemessen ist. Das Enneagramm ist die vollständige Reisebeschreibung des Sufi-Weges.

6. Ähnlichwerdung

"Der Weg erschließt sich im Gehen", heißt es im Sufismus. Und ein weiterer Spruch lautet: "Das Geheimnis [Verborgene] schützt sich selber." Lernen am Symbol ist also ein Vorgang, der den Augen und unserer Kontrolle entzogen ist. Er läßt sich am besten mit "Ähnlichwerdung" beschreiben. Ein Beispiel dazu: Nimmt man das Symbol *Himmel* und versteht man, daß der Himmel eine *Seinsqualität* bezeichnet und daß dieser *Himmel hier und jetzt vorhanden ist*, dann wird verständlich, daß jeder Mensch, der [ernsthaft] in den Himmel kommen will, diesem ähnlich werden muß. Das ist das Sufi-Prinzip vom Schloß und Schlüssel, die aufeinander bezogen, aber nicht gleich sind.

Vergleicht man die zwei oben angeführten Sufi-Aussagen mit dem Symbol *Himmel*, dann bedeutet das, daß der Himmel sich demjenigen *erschließt*, der die Himmelsschlüssel hat und sich vor jedem illegalen Zugriff dadurch entzieht, daß er vor unseren Augen verborgen bleibt. Wer also hinein will, der muß *aktiv* sein, *seine Absicht klar und deutlich ausdrücken und warten können*. Man muß also den Himmel zu seiner *Herzensangelegenheit* machen und mindestens ebensoviel investieren wie für das Rendezvous mit einer anziehenden Frau. Das Problem ergibt sich von selber, denn das Anziehende einer schönen Frau läßt sich leicht verstehen. Was aber soll am Himmel so anziehend sein? Damit hat sich das Projekt *Himmel* schon von selber erledigt, und der Weg dorthin wird sich kaum entfalten können. Es gibt im übrigen genügend Ablenkung auf der Welt, so daß der *Himmel* kaum jemandem abgehen wird. Dennoch bleibt das beschriebene Prinzip aufrecht.

Egal ob wir von Hunger und Durst, von Sehnsucht nach einem sinnerfüllten Leben, einer geglückten Partnerschaft, Dankbarkeit oder von der zu suchenden Lebensaufgabe sprechen, man wird seinen Lebensanker schon weit über die Grenzen des Sicht- und Spürbaren werfen müssen, um jemals etwas von den erwünschten Seinszuständen zu Gesicht zu bekommen. Der Weg dorthin ist mit der Entfaltung von Symbolen gepflastert. Ein langer, sehr langer Prozeß der Veränderung steht bevor. Der Weg, der Sufi-Weg, der Lebensweg entfaltet sich im Gehen. Er bezeichnet die Schule und die Schulung.

Der Veränderungsprozeß beinhaltet eine Zunahme an Wahrnehmung, an Bewußtsein und an Sensibilisierung. Er wird begleitet von einer Art innerem Klingen, von einem Berührtsein. Das Symbol hat eine homöopathische Funktion: Stetig, aber in kaum sicht- und wahrnehmbaren Schritten vollzieht sich eine Änderung.

Das Symbol Weg, im Sufismus *tarîqat*[10] genannt, beschreibt unter anderem den Prozeß der Ähnlichwerdung für die vielfach angesprochene und angedeutete Wirklichkeit. Modern ausgedrückt ist es ein Problem der *Kompatibilität*, d.h., es beinhaltet die Frage, ob zwei Systeme zusammenpassen können. Das Enneagramm beschreibt den Prozeß der Ent-, aber auch Einfaltung, und *was, wann, wie* passieren muß. Schritt für Schritt entfaltet sich das Leben durch die Symbole. Eines Tages, viel später, in einem kurzen Moment der Rückschau und des Innehaltens, erkennt man dann seine eigene Veränderung.

FORM UND FORMUNG DES SYMBOLS

Eines der schönsten Symbole [...] sind
die Paradiesgärten. In der Beschreibung
des Koran hat das Paradies vier Gärten.
Die vier Gärten sind der Garten der Seele,
des Herzens, des Geistes und der Essenz. [Laleh Bakhtiar]

Haben wir uns mit den Inhalten und Ebenen des Enneagramms beschäftigt, so richten wir nun das Augenmerk auf seine Form. Optisch betrachtet, kann das Enneagramm in verschiedenen Formen wiedererkannt werden und spricht uns immer neu an. So kann es zum Beispiel die Form eines Gartens annehmen und birgt damit die Schlüssel zu einem wesentlichen Wachstumsgeheimnis des Daseins. Sind einerseits die 9 Punkte des Enneagramms 9 zu entwickelnde Anlagen zu einem gelungenen Leben, so verweist das Enneagramm andererseits über sich hinaus und wird zu einem *transzendenten Fenster*. Es verweist auf den Garten Eden, aus dem die Menschen vertrieben wurden, und stellt eine Verbindung mit dem christlichen Symbol innerer Sehnsucht und Hoffnung auf die Erlösung her. Das Enneagramm entschlüsselt das "Woher, Wohin und Wozu" des Lebens.

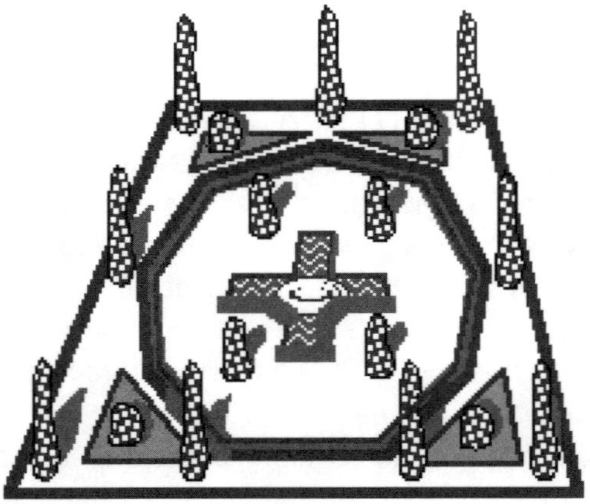

Im Islam gehört das Paradies zu den großen Visionen der menschlichen Existenz. Zur Vorstellung des Paradieses[11] und seiner geistigen Stufen gehören *Gärten und Höfen* als bedeutsame Formen dazu.

Der Garten ist üblicherweise eingefriedet und mit Bäumen bepflanzt...Das Ganze wird zu einem Mandala mit zentrifugaler Bewegung, hinaus ins Paradies der Natur und hinein durch die vier Eingangshallen zum Wasser, zur geistigen Mitte. Der Brunnen erzeugt ständig sich ausbreitende Wellen, ist der Anfang eines Zyklus bewußter Ausdehnung und Zusammenziehung.

Brunnen – verschlüsseltes Lebensgeheimnis

Innerhalb des Klosterbezirkes gibt es ein sehr interessantes Detail. Es befinden sich dort drei Brunnen. Einer davon steht ein wenig abseits und besteht aus "neun" Schalen, die von oben nach unten mit Wasser gefüllt werden. Alle

Brunnen haben unterschiedliche Funktionen. In der Mitte des Hofes [siehe obigen Plan] gibt es den Brunnen der Reinigung, der dem Islam entspricht und in jeder Moschee zugegen ist. Die in Konya gelegene Anlage ist "mehrfach verschlüsselt". Sie gilt als Museum, für welches man ganz normal Eintritt zahlt. Befindet man sich im Inneren, dann gelten allerdings die Regeln einer Moschee, und man muß beim Betreten der Innenräume die Schuhe ausziehen. Man wird zu einem dem Ort entsprechenden Verhalten ermahnt. Darüber hinaus begegnet man im Inneren der in voller Pracht ausgestalteten Grabstätte Mevlânâ Rumis und seiner Familie. Unter den vielen Symbolen befinden sich auch "die 3 Brunnen". Alles verweist auf den Schlüssel zur Lebensquelle, Rumi selbst.

• *Der Brunnen der Reinigung:* Jeder muslimische Pilger, der eine Moschee oder ein Heiligtum betritt, unterzieht sich einer inneren und äußeren Reinigung.

• *Der Brunnen mit dem Wasser des Lebens*, von dem alle Pilger, die Rumi besuchen,trinken. Er ist die Quelle des Vertrauens und der Heilung.

• *Der Brunnen mit den neun Schalen*, die den Energiefluß im Sufismus symbolisieren. Alle Energie, die Gott spendet, fließt in angelegten Kanälen, an die sich Gott bindet. Das sind Ordnungsprinzipien, die den Lebensfluß ermöglichen.

In diesem Brunnen begegnen wir der *Neun des Enneagramms* mit dem Hinweis, daß das Enneagramm einem lebensspendenden Brunnen entspricht. Von oben nach unten zeigt der Energiefluß; daß, wenn jeder der neun Schalen offen ist, der "Fülle des Lebens" Tür und Tor geöffnet sind. Im Enneagramm wie auch im Brunnen bilden Ordnung und Struktur die Grundlagen zum Lebensfluß und bilden eine ausbalanciertes Lebenssystem. Ist auch nur eine der Schalen verschlossen, wird das ganz System gestört.

Die neun Schalen des Brunnens sind auf sechs Ebenen angeordnet, und sie erzählen uns von den Reglen der islamischen Symboldeutung, vom Fluß der göttlichen Lebensenergie, die von oben nach unten führt. Nach genauen Ordnungsprinzipien durchwirkt sie das Wesen der Welt und erfüllt die Natur mit Leben. Vielleicht ist dieser Brunnen auch eine Metapher für die Richtung, in der im Enneagramm das erfüllte und gelungene Leben zielt: lebensspendender Brunnen für andere!

Der Garten des Lebens

Der Garten ist ein mystisches Symbol und gut geeignet, die Eigenart der inneren Reise[12] zu veranschaulichen. Es heißt da in einer Beschreibung: “*Wenn der Mystiker den Aufstieg […] beginnt, trifft er als erstes auf den Garten der Seele, der das weibliche Prinzip ist, gegliedert durch die Tore der Sinne. Will der Mystiker eintreten, muß er die Sinne oder Kräfte der Intuition sammeln. Das Ziel, dem diese Kräfte zustreben, ist das geistige Herz, die Intuition. Beim Betreten des Gartens trifft der Mystiker auf Gefahren, wobei die Seele durch körperliches Verlangen von der Mitte abgelenkt wird. Der Mystiker befindet sich in einem Zustand der Empfänglichkeit und ist bereit, sich zufrieden zu geben. Doch, wenn die Seele zufrieden ist, dann wird der Mystiker, ähnlich wie Adam, aus dem Garten gewiesen werden.*

Der Mystiker bleibt standhaft und tritt durch das Tor in den eigentlichen Garten der Seele, der drei Dinge enthält: einen Brunnen, strömendes Wasser und die Früchte von Bäumen. Der Brunnen symbolisiert die Wahrnehmung des Besonderen: Formen und Ideen. Wenn der Mystiker diesen Brunnen erreicht, erlangt er gewisses Wissen […].

Der Mystiker wendet sich dann dem Garten des Herzens zu. Die beiden Gärten der Seele und des Herzens symbolisieren zusammen die höchste Vervollkommnung der menschlichen Natur. Die geistige Entwicklung gibt dem Garten des Herzens Gliederung. Er ist der Wohnort der Intuition, die vom geistigen Herzen oder aktiven höchsten Intellekt regiert wird […]. Will der Mystiker eintreten, muß er den Verstand zurücklassen.

Der Mystiker tritt in den Garten ein und findet einen Brunnen des Lebens oder der Unsterblichkeit, einen Baum mit Früchten […]. Von hier aus bewegt sich der Mystiker nach innen in den Garten des Geistes. Der Garten enthält das Geheimnis der Vereinigung mit dem Geheimnis der geistigen Mitte, dem inneren Mysterium. Immer noch drohen Gefahren.

Damit der Mystiker diesen Garten des Geistes betreten kann, ist seine Bereitschaft, sein potentielles Vermögen wieder in die Urnatur aufgesogen worden. An diesem Punkt sieht er mit dem Auge das Licht, sieht er alle Lichter enthüllt. Ist er nicht ganz bereit, fällt er in die gewöhnliche Sehweise zurück und verliert die Verbindung mit dem Geist. Der Mystiker tritt in den Garten des Geistes ein und findet einen Brunnen, sprudelndes Wasser, einen Baum mit seinen Früchten. Es ist der Brunnen der Erkenntnis, der vom Geist erleuchtet ist: […] die Einheit mit allen göttlichen Eigenschaften. Das Wasser in diesem Garten sprudelt aus sich selbst hervor und gleicht dem Öl des Lichtverses, das brennt ohne Feuer. Die Frucht des Baumes der Erkenntnis ist die Dattel, […] sie ist die Frucht der Gegenwart des Geistes, in der nur ein Kern der Individualität des Mystikers bleibt.

Schließlich tritt der Mystiker in den Garten der Essenz ein. Seine Form besteht aus dem männlichen und weiblichen Prinzip, die sich im Zustand des Entwerdens[13] *vereinigen und in der erleuchteten Erkenntnis der Einheit des Seins wiedergeboren werden. Will der Mystiker eintreten, muß er jede Spur von Individualität zurücklassen. Das göttliche Selbst kann nur das Selbst im ‚polierten' Spiegel des Sufis reflektiert sehen, in dem kein menschliches Selbst mehr ist.*

Beim Betreten des Gartens findet der Mystiker den Brunnen der Erkenntnis der Einheit des Seins. Das hervorsprudelnde Wasser ist reines Licht. Die Frucht des Gartens ist der Granatapfel, das Symbol der Zusammenfassung der Vielheit in der Einheit, im Stand der Vereinigung, der bewußten Essenz [...].

Nun begibt sich der Mystiker im Zustand des Bleibens in Gott über den Bogen des Abstieges wieder hinab in die Welt der Erscheinungen. Der Mystiker sieht die Gärten in der umgekehrten Reihenfolge und vollendet den Kreis [...]. Der Mystiker, der nun Sufi ist und in Gott bleibt, ist von der Suche zurückgekehrt."

Diese Beschreibung der Reise zu den mystischen Gärten spannt den Bogen des Enneagramms vom alltäglichen Leben und dessen inneren Dimensionen auf. Wie sieht nun eine Gartenanlage, welche die Grundlage des Symbols "Paradiesgarten" ist, aus? Hier das Beispiel der Anlage des Derwischklosters von Mevlânâ Rûm-i in Konya.

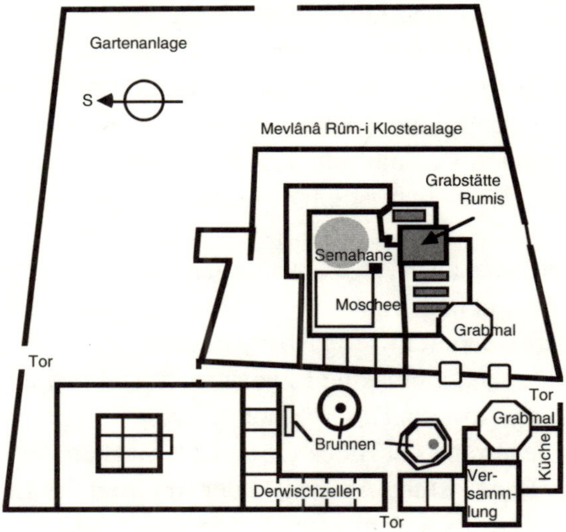

Der Garten hat traditionellerweise verschiedene Eingänge und steht mit anderen Einrichtungen in Verbindung. So war es in der islamischen Zeit üblich, ein Haus vereint mit einer Moschee und eine Karawanserei mit einer Schule zu bauen[14]. Hamam, das traditionelle türkische Bad, und auch der gedeckte Basar in Istanbul haben die gleiche Bauweise. Traditionellerweise baute man immer in geometrischen Formen. Bauten mit Vierecken, Sechs- und Achtecken[15] finden sich verbunden mit Vorhallen und Innenhöfen in vollkommener Symmetrie. Auch Sufi-Klöster waren ganze Anlagen mit Wohnzellen, Küche, Bad und Toiletten, Gartenanlagen, einer Moschee und unmittelbar daran anschließend einer Halle für Sema, dem Wirbeltanz der Derwische.

In allen Bauten wiederholen sich immer wieder die Elemente des Enneagramms: in der Bauweise, in den Arabesken, auf den Kacheln und eingearbeitet in den Böden. Sie sind in Teppichen gegenwärtig und in alltäglichen Gebrauchsgegenständen aus Kupfer, Glas, Stein und Holz. Diese Symbole sind nicht Selbstzweck, sondern geben dem Leben etwas Festliches und weisen über sich hinaus. Selbst wenn tausende Menschen daran achtlos vorübergehen, der eine oder andere wird vielleicht erstaunt stehenbleiben, sein Herz öffnen und sich etwas erzählen lassen. Für sie ist dies ein Erlebnis, ein überraschender Augenblick, der anrührt und begeistert.

Der Irrgarten des Lebens

Es gibt noch einen Garten, den es sich zu betrachten lohnt: der *Irrgarten*, ein wohlbekanntes Symbol. "Mein Leben gleicht einem Irrgarten", hört man manche Menschen sagen. Sie meinen damit, daß sie sich nicht auskennen und mit manchem nicht fertig werden. Oder: Irren ist menschlich! Dann ist der Spruch als Ausrede gemeint, die eine oder mehrere Schwächen verdecken soll. Bei einem genauen Blick in den Irrgarten wird sichtbar, daß es zwei Richtungen gibt. Nach innen *verengt* sich die Spirale, nach außen *erweitert* sie sich. Beides findet man auch im Leben wieder. Verengt sich das Leben, so muß man herausfinden, was dazu führte, denn das Leben ist eher von der eigenen Arbeit als vom Glück abhängig.

Das Enneagramm hat auch Züge eines Irrgartens. Verfolgt man die Linien des Enneagramms, kommt man immer wieder zum Ausgangspunkt zurück, und Sie werden sehen, daß es sehr schwierig ist, ohne zusätzliche Hilfe diesem Tun etwas abzugewinnen. Und jeder einzelne Enneagrammpunkt ist ein Irrgarten in sich und wartet auf seine Lösung. Das Symbol dafür ist die Spirale. Sie verweist auf die Möglichkeit des Irrens, der Blockade und des Steckenbleibens, aber auch auf eine Lösung und Entwicklung. Wahrlich, der Irrgarten des Lebens ist uns wohl vertraut, und wer wäre noch nie an irgendeinem Punkt des Lebens gescheitert und hätte sich nicht mit Versagen und Hoffnungslosigkeit auseinandersetzen müssen? Das Enneagramm geht auch daran nicht vorbei und zeigt auf, daß das Scheitern auch zum Leben gehört.

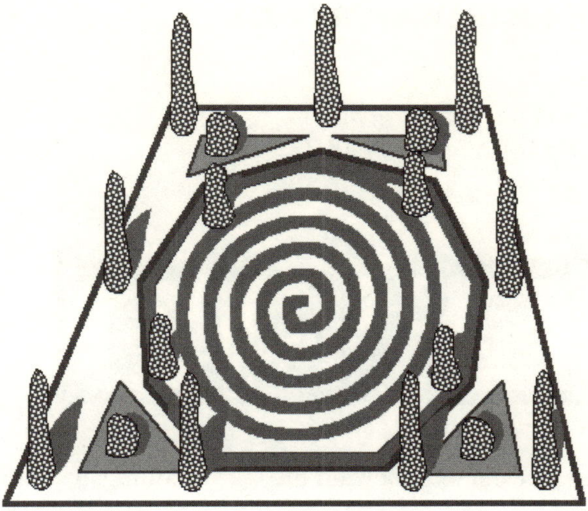

Wir sind uns wohl bewußt, daß einige Kenntnisse der Enneagramm-Symbolik noch kein gelungenes Leben garantieren. Wir erarbeiten die Symbole, zerlegen die einzelnen Elemente des Enneagramms und erhalten so Einblick in die Grundlagen menschlichen Lebens, genauer gesagt, des gelungenen Lebens. Ein wenig Geduld ist notwendig. Ein Garten entsteht nicht von heute auf morgen. Aber der Plan, wie der Garten angelegt wird, entscheidet weitgehend darüber, wie er später aussieht und in welcher Pracht er sich entfaltet. Das grundlegende Verständnis für Symbolik im Sufismus ist eine wichtige Voraussetzung, um das Enneagramm von innen heraus zu verstehen.

SYMBOLE DER UMWANDLUNG

Er ist der Erste und der Letzte,
der Manifeste und der Verborgene,
und er kennt alle Dinge. (Koran 53/3)

Durch Symbole bewegt man sich auf die Umwandlung, das Ziel der Suche zu. Im obigen Koranvers wird Gott als der Erste, als der Ursprung aller Dinge genannt: Geburt, Anfang, Mitte und der Punkt. "Die Mitte der Nacht ist der Anfang des Tages", heißt es in einem christlichen Spruch. Die Mitte ist der Übergang vom einen zum anderen, aber auch das Zentrum des Daseins. Das Letzte ist der Tod. "Sterbt, bevor ihr sterbt", heißt es in der Sufi-Tradition und das bedeutet, daß heute die Möglichkeit zur Neuwerdung existiert. Der Pfad durch das eigene Leben ist mit Symbolen verbunden und öffnet immer wieder ein Fenster zu einer Wirklichkeit, die mit den Augen nicht wahrnehmbar ist. Erst wenn die Schleier, die vom EGO gewoben werden, zerrissen werden, beginnt das, was die Sufis das "Sehen mit dem Herzen" nennen.

Symbole bleiben immer gleich. Wer mit Symbolen lebt, der wird im Zuge des Lebensprozesses von diesen verändert. In verschiedenen Abschnitten des Lebens und in unterschiedlichen Wachstumsperioden "sprechen" uns verschiedene Symbole verschieden an. Die *innere Resonanz* darauf verändert sich oder kann auch zeitweise gänzlich ausbleiben.

Das Herz des Mystikers gleicht dem Vollmond,
seine Seele der Dunkelheit der Nacht:
Das Herz ist jetzt voll und spiegelt die Sonne ganz,
was stillen Frieden bringt, bis die Dämmerung anbricht.[16] *(Laleh Bakhtiar)*

Ein Symbol, das uns vom Anfang zur Mitte und zum Letzten begleitet, ist das Tor. Die Geburt ist ein Tor genau wie der Tod. Ein Garten hat ein oder mehrere Tore, ein Raum hat eine Tür, Kirchen und Moscheen haben besonders schöne Tore. Manche Tore erzählen von dem, was sich dahinter befindet. Jeder, der die Regeln des guten Benehmens akzeptiert, wird an einer geschlossenen Türe klopfen oder läuten, sofern er nicht der Eigentümer des dahinterliegenden

Gartens oder der Wohnung ist und über den Schlüssel verfügt. Weit weniger im Bewußtsein dürfte die Tatsache sein, daß auch Lebensabschnitte so etwas wie Türen haben, die nicht beliebig auf- oder zugehen. Eine Türe kann man öffnen und schließen. Eine Aufgabe kann man auch öffnen und abschließen. Eine Aufgabe anzunehmen entspricht dem Öffnen und eine Prüfung stellt den Abschluß einer Aufgabe dar. Eine Reifeprüfung, zum Beispiel die Matura, öffnet neue Möglichkeiten. Sie nicht zu bestehen schließt manches im Leben aus. Zumindest leiden die Ferien darunter, wenn man eine Prüfung wiederholen muß, oder man erreicht sein Berufsziel nicht.

"Jede Reise beginnt mit dem ersten Schritt", sagt ein Sprichwort. Es ist sicher, daß nach dem ersten Schritt bald eine Türe auftauchen wird. Aus der Sicht des Sufismus beginnt eine Reise mit dem ersten Tor. Mystische Zustände unterschiedlichster Art werden mit "Toren und Räumen" beschrieben. Jeder erreichte Zustand ist in sich wieder ein Tor, das den Suchenden die Richtung weist. Es ist leicht zu erkennen, daß das Enneagramm eine mystische Reisebeschreibung ist, die neun Tore hat. Neun Tore und viele Ebenen, die durchlaufen werden und die sich nach innen (oder oben) entfalten. Scheinbar einem Kreis entsprechend wiederholen sich die neun Tore zyklisch wie Jahres- oder Lebenskreise. Diese Tore, die am Anfang noch groß und weit erscheinen, werden zu Türen und dann zu Pforten. Der Weg dazwischen wird zum Pfad. Das wird biblisch mit den Worten beschrieben: "Eher geht ein Kamel durch ein Nadelöhr, als daß ein Reicher in das Himmelreich gelangt."[17]

Der Umgang mit Türen unterschiedlichster Art ist eine hohe Kunst im Sufismus. Dazu gehört nicht nur das Wissen, daß es Türen gibt, die man nicht öffnen soll, sondern man muß geduldig darauf warten, bis sie – zum richtigen Zeitpunkt – aufgehen. Denn es gibt einen Reifeprozeß im Leben, und man sollte weder zu früh noch zu spät an einer Türe angelangt sein. Der Schlüssel zum Öffnen, so lehrt der Sufismus, liegt im *"edept"*, das bedeutet Wohlverhalten, Anstand und Höflichkeit. "Klopft an und es wird euch aufgetan, bittet und ihr werdet erhalten."[18]. Das Wissen um die Türen setzt "Erkennen" voraus, ob diese offen oder geschlossen sind. Es muß gefragt werden, ob sie überhaupt geöffnet werden dürfen und welcher Schlüssel paßt. Was muß vorher gelernt werden?

Die 9 Tore im Enneagramm müssen eine nach der anderen geöffnet werden und sollten nicht willkürlich übersprungen werden. Hinter jeder Tür liegt ein Entwicklungsraum, in dem sich eine oder mehrere Aufgaben befinden, deren Lösung die nächste Aufgabe ermöglicht. So wird der Sufi-Weg auch der Weg der 1000 Aufgaben genannt. Die Aufgaben entfalten den Weg. Sie sind der Weg, der Entwicklungsweg. Und Symbole wie Wasser, Weg, Brot, Rad, Garten, Baum, Raum und viele mehr begleiten diesen Weg der Umwandlung, der Transformation zum Selbst. Vielen Symbolen begegnet man immer wieder im Enneagramm.

Zur Verdeutlichung die folgende Sufi-Geschichte:

"Es war einmal ein Schmied, der unschuldig ins Gefängnis geworfen worden war. Tag für Tag betete er auf einem Gebetsteppich, den seine Frau für ihn geknüpft hatte. Nach einiger Zeit rief er seine Wachen zu sich und sagte: ‚Ich bin ein Schmied, ein Kunstschmied, wie ihr wißt. Mir geht es schlecht, und weil ich weiß, daß ihr sehr schlecht bezahlt werdet, mache ich euch einen Vorschlag: Ihr besorgt mir Werkzeug und Material, und ich fertige dann kleine Kunstgegenstände und Dinge des täglichen Gebrauchs. Ihr verkauft sie auf dem Basar, und wir teilen uns den Profit.'

Die Wachen waren einverstanden, und einige Zeit lang florierte das Geschäft zur beiderseitigen Zufriedenheit. Eines Morgens wollten die Wachen das Frühstück bringen und fanden die Zellentür offen. Der Schmied war verschwunden.

Ein Jahr später, die Unschuld des Schmiedes hatte sich in der Zwischenzeit herausgestellt, fragte der Mann, der den Schmied seinerzeit in das Gefängnis gebracht hatte, wie er es denn geschafft habe, zu entkommen, welchen Zaubers er sich bedient habe.

Er antwortete: ‚Das war alles eine Frage von Mustern und Muster im Muster. Meine Frau ist eine Teppichweberin. Sie hatte den Mann gefunden, der das Schloß zu meiner Zellentür hergestellt hatte. Von ihm erhielt sie das Muster, den Plan vom Inneren des Schlosses. Dieses Muster hat sie dann genau in die Stelle des Teppichs eingewoben, auf die ich meinen Kopf fünfmal am Tag zum Beten legte. Ich bin ein Kunstschmied, und das Muster erschien mir wie das Innere eines Schlosses. Danach mußte ich nur noch mit der Gier der Wachen rechnen, die mir sämtliche Materialien zur Verfügung stellten, um einen Schlüssel zu fertigen.'"
(Bahudin Nasqshband, ein Derwisch)[19]

Das Fahrrad, eine Verständnishilfe:

Der Umgang mit dem Enneagramm ist wie das Radfahren ein weit weniger spirituelles Symbol. Abgesehen davon, daß vorhin Radähnlichkeiten im Spiel waren, ist auf den ersten Blick keine Parallele zu sehen. Blättern wir ein wenig zurück in der eigenen Geschichte, dann taucht die Erinnerung an diese "Lernerfahrung Radfahren" auf, und sie eignet sich zur Illustration eines bestimmten Verhaltens in bezug auf das Enneagramm.

Am Anfang dieses Wunsches nach Radfahren war vielleicht ein Kinderrad oder ein großes Rad, mit dem man gerade noch zurechtgekommen ist. Der Antrieb war vorhanden, es auch so zu können wie die Großen. Es war die Lust, es zu versuchen. Kinder lernen rasch durch "Nachahmung", nach der Devise: Was du kannst, das kann ich auch! Vielleicht gab es jemanden, der das Wagnis ein wenig unterstützt hat. Wie auch immer es gewesen sein mag, es wurde geübt. Unsicherheit begleitete die ersten Versuche, aber es wurde "trotzdem" weiter geübt. Selbst wenn das bockige Ding, das sich Rad nennt, einfach nicht unter Kontrolle zu bringen war – es wurde weiter geübt. Eines Tages war es dann soweit, und zum ersten Mal klappte das Radfahren. Ganz allein und frei! Ein neues Stadium der Übung wurde erreicht. Zuerst ging es um Sicherheit, dann um Perfektion und dann vielleicht sogar um Kunstfertigkeit.

Das Umgehen mit dem Enneagramm ist wie das Radfahren. Radfahren setzt die Bereitschaft zum Üben voraus. "Übung macht den Meister", wurde uns als Kinder gesagt. Am Sufi-Weg ist "Übung" das halbe Leben, die zweite Hälfte besteht in der richtigen Absicht. "Ich will radfahren können!" ist die Seite der Absicht, und die Folge davon ist "Übung"! Das Beispiel mit dem Radfahren läßt sich beliebig übertragen. Später ändert sich die Art des Übens grundlegend. Bei einem Adler, der fliegen kann, fallen das Fliegen und das Üben zusammen, und er schraubt sich höher und höher. Aber an der Tatsache des Übens ändert sich nichts. Der wichtigste Zustand, den es am Sufi-Weg zu erringen gilt, besteht im Meistergrad: der Meistergrad in der Kunst des Übens. Wer wirklich gelernt hat zu üben, dem öffnen sich alle Tore, denn er hat erkannt, daß das große Geschenk des Lebens "Lernen" heißt. Lernen garantiert Entfaltung und Glück; lernen läßt uns die Hürden des Lebens "spielend" meistern.

Enneagramm oder die Schule der Transformation

Das Enneagramm ist, aus dem Sufismus heraus betrachtet, der Lehrplan für das gelungene Leben. Das Enneagramm hat neun Schlüssel, die die Tore zu einem völlig neuen Leben öffnen. Der Lernprozeß, den das Enneagramm ermöglicht, ist ein Abenteuer und die Beschreibung des Sufi-Weges. Dieser Weg beginnt im konkreten Leben, und so werden mit den Symbolen Lernfelder des Lebens erschlossen. Wenn man am Ende eines Wegabschnittes zurückschaut, wird man die Geometrie des Enneagramms erkennen können. Mit seinen Symbolen öffnet es die Zugänge zu den Übungseinheiten des Lebens, die "notwendig" sind und dem Lebensbaum reiche Frucht tragen lassen.

Das Enneagramm beinhaltet die vollkommene Pädagogik, die erforderlich ist, um das subjektive Glück wie auch das objektive Lebensziel zu erkennen und zu erreichen. Seine Symbole sind Schlüssel zum Selbst, zum Ich und zum Du. Mit dem Enneagramm leben lernen ist nicht schwieriger als radfahren, und das haben auch die meisten von uns gelernt. Rad und Radfahrer sind aufeinander bezogen wie Lehrer und Schüler, wobei der Lehrer das Leben, das Enneagramm den Lehrplan interpretiert und wir alle Schüler sind. Der Lerninhalt des Lebens ist die Änderung der Lebensqualität: vom Haben zum Sein[20].

“Das *wirkliche* Wissen ändert Sein“, heißt es im Sufismus. Der Lernablauf der Veränderung in einer Ablaufskizze dargestellt sieht folgendermaßen aus: *Wissen –> Sein –> Wesen –> Herz –> Bewußtsein –> Haltung –> Einstellung –> Dankbarkeit –> Erkenntnis.*

Das *Wissen* führt zur Daseinsänderung.

Die *Seinsänderung* berührt das wahre Wesen.

Die Bewegung des *Wesens* führt zu einer Resonanz des Herzens.

Das *Herz* verändert Bewußtsein und Denken.

Das veränderte *Bewußtsein* führt zur Einstellungsänderung im Leben.

Die neue *Haltung* bringt eine Einstellungs- und Verhaltensänderung mit sich.

Die *Einstellungsänderung* führt in die Fülle des Lebens.

Das (zum positiven) veränderte Leben macht *dankbar*.

Die *Dankbarkeit* läßt einen *erkennen*, was sich wirklich geändert hat.

Haben Sie mitgezählt? Es sind neun aufeinander bezogene Schritte, die in der Schule des Lebens gemacht werden. Vom Anfang bis zum Ende dieses Änderungszyklus sind wenige Dinge für das Auge erkennbar. Nur an den Früchten[21] kann man die Änderung erkennen. Der Weg der Änderung der Lebensqualität bleibt weitgehend verborgen und unterliegt dem Vertrauen. Vertraue dem Symbol, folge den *sichtbaren* Zeichen am Weg und sei *geduldig*! Der Prozeß des Lernens wird in der folgenden Geschichte mit einem Sprung in den Brunnen illustriert.

Der Sprung in den Brunnen[22]

SCHÜLER: Zeige mir, wie ich beten kann.

LEHRER: Kann ich es dir zeigen? Ich kann es nicht.

SCHÜLER: Bist du denn nicht ein Lehrer der Religion?

LEHRER: Eben deswegen! Beten lernt niemand durch Wissen und Können, sondern durch Erfahrung und Leben. Was immer ich weiß, ich kann dir nicht ersparen, dich selbst zu suchen. Selbst mußt du in den Brunnen springen, die Tiefe wagen, den inneren Raum und die innere Zeit entdecken. Hör zu!

Da ging eines Tages ein Knabe zu seinen Brüdern. Er sagte zu ihnen: “Gebt acht! Ich will, daß wir zusammen einen merkwürdigen Ort aufsuchen.“ “Wohin willst du uns denn führen?“ fragten die Brüder. “Ich will euch dahin führen, wo ihr die Wahrheit über euch selbst erfahren sollt.“

Die Brüder baten ihn: “Laß es doch sein, es lohnt sich nicht. Danke, wozu sollen wir schon wieder ausziehen?“ Sie wollten nicht gehen. Der Jüngste aber bestand darauf: “Entweder kommt ihr mit, oder ich bringe mich um!“ So zwang er sie, mit ihm zu gehen. Sie gingen lange, und noch am selben Tage kamen sie zu jenem Brunnen. Der Jüngste sagte zum Ältesten: “Ich will dich anbinden und in den Brunnen hinunter lassen. Schau dir an, was es dort im Brunnen gibt.“ Der Älteste fing an zu weinen. “Warum willst du mich in den Brunnen hinunter lassen?“ Er hatte Angst, in den Brunnen zu gehen. Er bat um Gnade. Der Jüngste sagte zu ihm: "Bitte nicht um Gnade, wir müssen dorthin!" Er band ihm den Strick um und ließ ihn hinunter. Aber kaum war der Bruder ein paar Klafter tief, fing er zu schreien und zu weinen an – noch ein bißchen und die Angst würde ihn zerreissen. "Ich sterbe, ich sterbe!" Er war noch nicht einmal ein Viertel des Brunnens hinunter. Der Knabe zog ihn heraus, denn er sah, was für ein Mensch das war.

Dann kam der zweite. Der Knabe band auch ihm den Strick um und ließ ihn hinunter. Er war kaum bis zur Hälfte des Brunnens gekommen, da begann er zu schreien vor lauter Angst. "Ich sterbe, ich sterbe!" Er zog ihn heraus.

Dann kam die Reihe an den Jüngsten. Er sagte: "Hört zu! Wieviel ich auch weinen mag und schreien werde, zieht mich nicht hoch. Laßt mich hinunter, bis ihr fühlt, daß der Strick leicht geworden ist."

Die Brüder fingen ihn zu bitten an: "Du bist unser Jüngster! Warum willst du von uns gehen?" Sie baten, er möge sie doch nicht verlassen, aber er wollte nicht auf sie hören. Da banden sie ihn und ließen ihn hinunter.

SCHÜLER: Das ist eine schöne Geschichte. Ich möchte wissen, wie sie weitergeht.

LEHRER: Es ist nicht irgendeine Geschichte, es soll deine Geschichte werden. Wohin sie führt, mußt du selbst erproben.

SCHÜLER: Aber wo gibt es den Brunnen, in den ich springen könnte?

LEHRER: Weitab und doch so nahe. "Sie gingen lange, und noch am selben Tag kamen sie an", heißt es. Je weiter du in die Welt ausschweifst, um so entfernter bist du ihm. Suchst du bei dir, schaust du über seinen Rand.

SCHÜLER: Dann ist der Brunnen in mir?

LEHRER: Deine eigene Tiefe!

SCHÜLER: Aber warum dann Angst haben. Was in mir ist, muß ich doch nicht fürchten?

LEHRER: Nichts ist dem Menschen unbekannter und schrecklicher als die eigene Seele. Die meisten Menschen haben Todesängste, in das Brunnenloch zu steigen und den Abstieg zum unbekannten Seelengrund zu wagen. Sie leben nur außen, von allem gefesselt, was zur Schau gestellt wird, aber sie werden schon verwirrt, wenn sie nur einen Blick über den Brunnenrand werfen sollen. Ihre Sicherheit liegt im Geläufigen der äußeren Welt; vor der Tiefe in sich selbst sind sie in hilfloser Not. Aber der Brunnen ist noch nicht verschüttet. Wer ehrlich will, kann ihn finden und das Wagnis beginnen.

SCHÜLER: Ich bin nicht sicher, daß ich das will.

LEHRER: Dann zähl dich zu den älteren Brüdern. Sie bilden die Mehrheit. Mit ihnen verbindet sich keine Hoffnung.

SCHÜLER: Wie also komme ich in die Tiefe?

LEHRER: Zunächst mußt du mit dir allein sein können! Wenn du es versuchst, wirst du sehen, wie schwer das ist. Du kannst unruhig werden und sogar Angst verspüren. Dann wird dich nichts anderes drängen als der Wunsch, schnell nach oben zu kommen. Du wirst dir vorsagen, Alleinsein sei sinnlos, führe zu nichts und ähnliches.

SCHÜLER: Und? Ist es wirklich anders?

LEHRER: Es ist anders. Aber nicht sofort und nicht nach drei Wochen. Dazu gehören Beständigkeit und Geduld. Für jemanden, der das wieder und wieder übt, verändert sich die Welt. Dann werden die Dinge zugänglich: Es wird zugänglich der Baum, zugänglich wird der Himmel, zugänglich wird der Bach. Was zuvor im geschäftigen Leben nur zufällig da war, wird jetzt die eigentliche Welt. Die kann man nur durch häufiges, mühseliges Alleinsein erfahren.

DAS ENNEAGRAMM – BAUM DES LEBENS

Am Schluß unserer Betrachtung steht diese Geschichte. Sie öffnet noch einmal den Zugang zu den *universalen* Symbolen: *Brunnen, Wasser, Hinabsteigen, persönlicher Mut, Umgehen mit Angst und Hilflosigkeit.* Diese Geschichte ist in einen Dialog zwischen Lehrer und Schüler gekleidet; eine Ebene im Sufismus, die bis jetzt noch nicht angesprochen wurde. Es geht hierbei um die Beziehung, um eine Herzensbeziehung, die imstande ist, das Leben zu verwandeln. Im Raum des Islam, im Judentum und im Christentum sind diese Beziehungen immer gegenwärtig: Sie werden Lehrer, Rabbi, Starez, Vater, Seelenführer und persönlicher Vertrauter genannt. Es gibt keine Sufi-Schule ohne Lehrer. Denn kein Mensch steigt freiwillig in die Tiefen und Nöte seiner Existenz bzw. verläßt diese lebendig, wenn er nicht eingebunden ist in ein Vertrauensverhältnis zu seinem Lehrer. So spannt sich das Leben aus in die Höhe und in die Tiefe. Ohne Tiefe und Begegnung der Tiefe gibt es keine Höhe.

Ähnlich der Symbole des Gartens und des Brunnens gibt es im Sufismus einige Symbole, die das ganze Leben umfassen. Dazu zählen der Berg *quaf*, der als Weltenberg verstanden wird und die Unendlichkeit des Kosmos bezeichnet. Bergsteigen entspricht den inneren Aspekten des Lebens. Man braucht dazu einen erfahrenen Führer, dem man sich anvertraut und der einen nach oben begleitet. Und man braucht einen Weg, den man manchmal erst suchen muß. Haus, Garten, Baum, Spiegel, Reise, Dattel, Granatapfel, Rose und Herz zählen alle zu dieser Kategorie von Symbolen, die die Gegenwart Gottes verdeutlichen.

Den Baum[23] als universales Symbol, der in allen Religionen als Zeichen der "Rückbindung und Verwurzelung" steht, wollen wir hier noch hervorheben, weil er uns direkt das Enneagramm beschreibt. Die festgegründete Absicht ist sein Fuß, der verbunden mit *wham*, der Vorstellungskraft, in die Anrufung Gottes *zikr* mündet, die durch die weit ausladenden Zweige des Baumes symbolisiert wird. Die Frucht des Baumes ist das Geschenk höchster Wirklichkeit, in deren Geden-

Der Ausgangspunkt unserer Betrachtung war die Frage nach der inneren Heimat des Enneagramms, die, unbestritten von den Autoren der Enneagrammliteratur, der Sufismus ist. Will man den Sufismus verstehen, muß man bereit sein, eine Schule der Mystik mit ihrer weit zurückreichenden Tradition zu verstehen. Um diese erfassen zu können, wird man unmittelbar mit dem Symbolverständnis und einigen wichtigen Prinzipien des Sufi-Weges konfrontiert. Wir haben in diesem ersten Teil sowohl einige Sufi-Prinzipien erläutert als auch Symbole verständlich gemacht und in ein grundlegendes Symbolverständnis eingeführt. Das Enneagramm ist ein universales, mystisches Symbol und hat den Rang eines kosmischen Schlüssels, mit dem bei richtigem Umgang Tiefenschichten des Lebens und Tore des Herzens geöffnet werden. Das Enneagramm ist Symbol und Pädagogik des Herzens, die wir im zweiten Teil vorstellen und erläutern wollen. Übungen zum besseren Verstehen und zur Handhabung dieses praxisorientierten Werkzeuges der Schöpfung werden dies ergänzen.

Haben wir im ersten Kapitel die Zugänge der Symbole und ihre Funktion als Schlüssel beschrieben, so widmen wir uns im zweiten Kapitel der Übung im Leben und dem Umgang damit in Theorie und Praxis.

---

[1] Wir verweisen auf das Meditationsset: Flüstern der Seele, Ingrid und Kurt Bauer, das mit Hilfe der 99 Namen Allahs Zugänge öffnet zum Enneagramm als mystischen Weg; Aquamarin Verlag 1994

[2] Laleh Bakhtiar: Sufi, Kösel-Verlag 1987, S 25

[3] vgl. Laleh Bakftiar: Zahlen und Geometrie in Sufi; S 105

[4] Idries Shah, Die Sufis, Verlag Diederichs, 1989, Seite 106

[5] vgl. Sheikh Hakim abu Abdullah Moinuddin al Chishtiyya: Die Heilkunst der Sufis; S 52

[6] Hebr. bedeutet *ruach,* der Geist Gottes, im Christentum die Personifizierung im Hl. Geist.

[7] AT Gen 8,13: Meinen Bogen setze ich in die Wolken; er soll das Bundeszeichen sein zwischen mir und der Erde.

[8] vgl. Sufi, S 100

[9] vgl. Gen, 1,27

[10] Pfad, Weggemeinschaft, Orden, Bruderschaft

[11] vgl. Sufi, S 106

[12] vgl. Sufi, S 28-30

[13] In der Sufi–Mystik versteht man darunter einen bestimmten Zustand der Ichlosigkeit.

[14] vgl. Sufi, S 107
[15] vgl. Sufi, S 110
[16] vlg. Sufi, S 84
[17] Mt. 19,24
[18] Lk 11,9-13
[19] Ingird und Kurt Bauer: SEMA – der Wirbeltanz der Derwische; Urania Verlag 1994, S 94
[20] siehe: Haben oder Sein, Erich Fromm
[21] Mt 7,16; 12,33: An der Frucht erkennt man den Baum.
[22] H. Halbfas: Der Sprung in den Brunnen; Patmos Verlag, 1981
[23] vgl. Sufi, S 28

2. Kapitel

DIE ENTSTEHUNG DES ENNEAGRAMMS

All jenen Lesern, die bis jetzt das Enneagramm noch nicht kennen und auch noch nichts darüber gehört oder gelesen haben, möchten wir an dieser Stelle einige Informationen geben. Das Enneagramm hat eine sehr weit zurückreichende Geschichte, deren Anfänge nicht konkret festzulegen sind. Einige der Menschen, die die Enneagrammforschung vorangetrieben haben, stellen wir im folgenden vor.

Mit dem Begriff Enneagramm ist der Name von Gurdjeff verbunden. Er verweist in einem seiner Bücher darauf, daß er auf einer Reise durch den Mittleren Osten dem Enneagramm bei der Samoun-Bruderschaft begegnet ist. 1916 stellte Gurdjeff das Enneagramm das erste Mal als universales Diagramm in einer seiner Studiengruppen in Moskau vor. Das Enneagramm war nur einer kleinen Gruppe von Eingeweihten bekannt und wurde mündlich weitergegeben.

Bennet und Ouspensky, beides Schüler Gurdjeffs, veröffentlichten ab Mitte des 20. Jahrhunderts unterschiedliche Artikel über das Enneagramm. Nach dem Tod Gurdjeffs übernahmen Bennet und Ouspensky die weitere Verbreitung des Enneagramms. In jüngster Zeit haben sich auch Klausbernd Vollmar und Anthony G. E. Blake des Themas angenommen.

Als weiterer Vertreter des Enneagramms ist der bolivianische Psychologe Oscar Ichazo zu nennen. Er gibt an, daß er von seinem Sufilehrer in die Arbeit mit dem Enneagramm eingeführt worden ist. Er entwickelte in seinen psychologischen Arbeiten ein praxisorientiertes Therapiemodell und eine Typenlehre. Bei ihm lernen die Jesuiten Rohr und Ebert das Enneagramm kennen und erkennen seine Stärken für die Seelsorge.

Gurdjeff und Ichazo führen beide das Enneagramm auf Sufi-Bruderschaften zurück, Beide behaupten, die Quelle zu kennen. Ihre Auffassung davon ist allerdings sehr unterschiedlich. Bei Gurdjeff ist das Enneagramm ein *prozeßorientiertes Werkzeug zur Lebensveränderung*. Ichazo macht es zu einer *psychologischen Typenlehre*. Bei den Jesuiten ist das Enneagramm ein *Seelsorgeinstrument*. Klausbernd Vollmer hat einen *integrativen Ansatz* und verwendet es als ein *übergeordnentes Welterklärungsmodell*. Er legt die vorhandenen Modelle ineinander, hinzu kommt die Astrologie, Zahlen- und Chakrenlehre. Alle genannten Autoren stufen das Enneagramm als *kosmisches Symbol* höherer Ordnung oder Kraft ein. In ein oder zwei Sätzen verweisen sie darauf, daß es aus *Sufi-Quellen* stammt. Über die Herkunft gibt es viele unterschiedliche Spekulationen, aber keine der genannten Quellen wurde offengelegt, und so bleibt der Ursprung des Enneagramms ein Geheimnis.

Das Enneagramm hat sich viele Male in den Händen der Menschen, die sich damit beschäftigt haben, gewandelt und auf diese Weise sehr unterschiedliche Gesichter erhalten. Es stellt sich die Frage, was richtig und was falsch ist; die Typenlehre, das Prozeßmodell, das Seelsorgemodell oder der integrative Ansatz Vollmars? Hinzu kommt noch das Modell von Blake, das sich stark an Gurdjeff orientiert. Die Beantwortung dieser Frage hängt davon ab, was ich mit dem Enneagramm beabsichtige. Jemand, der ein Therapiemodell sucht, braucht eine Therapie, die darauf aufbaut. Ein anderer wird das Prozeß- oder das Seelsorgemodell bevorzugen.

In diesem Buch wird ein weiteres Enneagramm-Modell vorgestellt, das sich aus dem Mevlânâ-Rûmi Sufismus ableitet. Man muß sich also darüber im klaren sein, daß nicht ein Enneagramm, sondern verschiedene Schulen existieren, die "Enneagramm" unterschiedlich auslegen.

Was ist das Eigentliche am Sufi-Enneagramm?

Einfach gesagt, stand am Anfang die Frage: Was ist, wenn…, ja, wenn man das Enneagramm nimmt und es in den Raum des Sufismus *zurückspiegelt* und es dann im Sufismus neu denkt? Damit begann ein Abenteuer des Suchens und des Findens. Wir, die Autoren, sind im Mevlânâ-Rûmi Sufismus zu Hause. Wir reden nicht nur davon, wie wenn wir den Sufismus ansprechen.. Wer seine Prinzipien, seine Lehr- und Lernmethoden und Strategien näher kennt, der weiß, wie man über Symbole denkt und wie man mit ihnen lebt. Das Enneagramm erhält damit einen neuem Verständnishintergrund. Reisen, Suchen, Intuition und Inspiration standen hilfreich zur Seite. Was dabei geboren wurde, ist ein Enneagrammspiel, ein mystisches Lebensmodell und eine Wegbeschreibung wie auch ein neues Werkzeug zur Lebensbewältigung. Manchmal führt das dazu, daß das Buch zwischen der Ich- und der Wir-Form wechselt. Dies sollte nicht zu Verständnisschwierigkeiten führen, weil es aus der Natur der Sache geboren wurde. Der Teil des Buches, der auf die Selbsterfahrung und den Reisebericht zurückgreift, wurde zum Teil alleine von Kurt Bauer geschrieben, und wir, das sind Ingrid und Kurt Bauer, wollten das auch so belassen, um keine Künstlichkeiten einzuführen.

Wir haben uns dem Schöpfungssymbol "Enneagramm" auf sehr verschiedene Weise genähert, um der Arbeit gerecht zu werden. Es wurde zum Spiegel des Sufi-Weges, seine Prinzipien sind die Wegweiser für ein geglücktes Leben. Die Erfahrungen waren erstaunlich und kamen dem Prozeß der Suche nach Puzzleteilen gleich, die man am Anfang noch nicht genau kennt, sondern nur erahnt und die sich im Prozeß des Findens sogar noch selber zusammenzusetzen beginnen, um am Ende ein vollständiges Bild zu ergeben.

Das Sufi-Enneagramm:

• entwickelt sein Gesicht aus dem Sufismus der Mevlânâ-Rûmi Tradition, spiegelt Sufi-Prinzipien und wird so zu einer Landkarte der Seele;

• ist eine Anleitung für den Sufi-Weg und eine einfache Einführung in die Sufi-Mystik;

• gibt schrittweise eine Einführung in die Lebensaufgaben und die Wachstumsprozesse;

• ist ein hilfreiches Werkzeug für denjenigen, der Veränderung, Problemlösung und Lebensverständnis sucht;

• ist ein Schlüssel, ein Wegweiser und eine Orientierungshilfe in ungelösten Lebensfragen;

• gibt Antworten auf die existentielle Fragen: "Wohin, woher und wozu leben wir, und wer bin ich?"

• ist Verständnishilfe und Unterstützung in Krise und Leid.

3. Kapitel

ENTFALTETES LEBEN

Ich bin wiederum in Istanbul. Die Voraussetzungen haben sich geändert. Heute ziert strahlender Sonnenschein den Himmel, und ich habe mich zum Arbeiten in einen kleinen Teegarten gesetzt, dessen Kastanienbäume gerade anfangen, Schatten zu spenden, und dessen weiße Kerzen beginnen, sich in den Himmel zu strecken. Sinnigerweise trägt er den Namen "Dervis". Alles rund herum blüht. Frühjahr ist eine wirklich schöne Zeit in der Türkei, wenn die Hitze noch nicht alles in den Griff genommen hat und man in einen schattenspendenen Teegarten flüchtet. Der Teegarten ist fast leer. Zu dieser Zeit kommen nicht viele Touristen, denn sie fürchten die Bomben. Nur einige Neugierige und solche wie ich, die etwas zu erledigen haben, kommen hierher. Ich bin gut beschützt, denn neben mir sitzen gleich vier Polizisten und schauen mir bei der Arbeit zu. Eine wohltuende Ruhe breitet sich in mir aus. Es ist schön, hier arbeiten zu können.

Vor mir ragt die "Blaue Moschee", die Sulanahmet-Moschee, in voller Pracht empor. Die Sonne strahlt sie an, und sie leuchtet zurück. Rechts von mir kann ich den herrlichen Brunnen sehen, der seine Fontänen in den Himmel sprüht, und dahinter befindet sich die "Haghia Sofia", einstmals eine Kathedrale, zwischenzeitlich ein Museum und jetzt wieder eine Moschee mit dem Charakter eines Museums.

Das Buch wächst mit dem *Gehen*. Das ist ein Sufi-Prinzip, denn es heißt, wer etwas sucht, der muß sich "körperlich von der Stelle weg und zu etwas hin bewegen". Mit vielen Fragen, die mir bezüglich des Enneagramms auf dem Herzen lagen, bin ich noch einmal an bestimmte Plätze und zu bestimmten Personen in der Türkei "gegangen". Drei Stationen habe ich dabei berührt, um die anstehenden Fragen zu lösen und die Arbeit mit dem Enneagramm beenden zu können: Konya, Ankara und nun Istanbul. Auch am Weg dorthin und zurück war die Veränderung augenscheinlich. Die Bäume blühen, und das Land strahlt. Überall auf den Feldern bestellen die Bauern die Äcker. Man wartet auf Regen, den Segen Gottes, Inshalla. Er wird alles wachsen lassen. Eine gute Zeit, um Neues zu entdecken, und auch ein guter Gedanke für die Arbeit am Enneagramm.

Mit vielen Geschenken versehen sitze ich jetzt hier im kleinen "Dervish-Teegarten", ordne meine Notizen und verarbeite meine Gedanken. Es entspricht voll und ganz meinen Vorstellungen, nach Konya zu pilgern, wenn ich ungelöste Fragen habe, um dort die Lösung zu suchen. So fand ich auch diesmal mehrere Schlüssel, die mir das Verstehen und den Zugang zum Enneagramm aufgeschlossen haben. Die Frage, die mich besonders bewegte, war folgende: Wenn das Enneagramm ein "Sufi-Schlüssel" zum Leben ist, wie muß es verstanden werden, damit es nicht einfach eine Verhaltenskorrektur darstellt oder zu einem außenorientierten Instrument wird? Denn innen im Sufismus ist Leben, das sich ausdrückt.

Grundlagen und Struktur des Enneagramms

Dieser Teil des Buches beinhaltet die Einführung in die Praxis des Sufi-Enneagramms. Symbolableitungen und genaue Verständnishilfen fürs Umsetzen in das eigene Leben ergänzen diesen Teil.

Die 9 verschiedenen Punkte des Enneagramms sind Tore zu Entwicklungsräumen des Menschen, die unbewußt hundertmal im Leben durchlaufen werden, aber erst in dem Moment die Zugänge öffnen, in dem das Bewußtsein als Schlüssel zum Wachstum gefunden worden ist. Das Enneagramm ist eine Karte der Seele, die verschlüsselt Auskunft über das Gelingen des Lebens gibt. Wenn bewußt die Fragen nach dem "Woher, Wohin und Wozu" im Leben gestellt werden, dann sind das passende Schlüssel für den Zugang zu den auf- und absteigenden Stufen des Enneagramms. Das Enneagramm hat wie ein Haus mehrere Stockwerke. Sie sind immer dann erreichbar, wenn die derzeitige Ebene bewältigt und der Zugang zur nächsten gefunden wurde. Man hat dann die untere Ebene in Besitz genommen und kann sich auf der nächsthöheren Ebene zu bewegen beginnen. Dieser Prozeß ist vergleichbar mit dem Wachsen eines Baumes, der immer nur das kann, was seiner Entwicklungsstufe angemessen ist.

Allerdings können ebensogut alle Enneagrammpunkte durchlaufen werden, und kein zündender Funke stellt sich ein. Man kann das Enneagramm durchlaufen, wie man das Leben durchläuft: essen, trinken, arbeiten, schlafen – wie eine menschliche Maschine[1], ohne Entwicklung, ohne Frage, ohne daß man wach wird für das Leben. Wir werden der Frage, warum das so ist, später nachgehen.

Jedes Enneagramm-Symbol hat mehrere Tore: Es gibt den Eingang, der im Laufe des Lebens benutzt wird und ebenso den Ausgang zum nächsten Punkt darstellt. Weiter gibt es einen Ein- und Ausgang zur Außenseite des Lebens wie auch eine weitere Türe, die nach innen führt und zwei Wege öffnet. Wenn man in hoher Geschwindigkeit die Enneagramm-Punkte passiert, wird der Punkt zu einer Drehtüre, und ehe wir erfassen, daß zum Beispiel der Punkt "Absicht" über eine Innenseite verfügt, hat man ihn schon wieder verlassen. Unangenehme Enneagramm-Punkte berührt man dann mit der Geschwindigkeit eines sich um die eigene Achse drehenden Ventilators. Die Folge: eine kleine bis gar keine Wahrnehmung!

Jedes Enneagramm-Symbol ist ein zu entwickelnder Raum mit einer Fülle von Fähigkeiten und Fertigkeiten, die helfen, das Leben zu bereichern und zu entfalten. Sie beschreiben die Grundlagen des Lebens, die gelernt, geübt und ausgeübt werden sollen, damit das Leben seine Fülle entfalten kann. Um zu verstehen, wie sich dieses Lernen abspielt, müssen wir wieder auf den Sufismus, besser noch auf den Mevlânâ-Sufismus im Laufe der Geschichte zurückgreifen. Die Prinzipien fallen weitgehend mit dem osmanischen Denk- und Erziehungssystem zusammen, das 600 Jahre lang ein Weltreich zusammenhielt. Eine tolerante Einstellung anderen Religionen gegenüber wie Christen und Juden war an der Tagesordnung.

Koranschulen legten die Grundlage zum Islam, zur gemeinsamen Übereinstimmung in der Gemeinschaft, den Werten und der Charakterbildung des einzelnen. Grundsätzlich gab der Vater seinem Sohn sein handwerkliches Wissen weiter. Nach der beruflichen Ausbildung des jungen Lehrlings wurde er, wenn er sich als Spitzenbegabung erwies, zusätzlich gefördert.

Während dieser Ausbildung konnte der Lehrling, wenn er sich als geeignet erwies, bereits als Schüler des Sufi-Weges aufgenommen werden. Nach Beendigung der Lehre war ein Übergang in eine "Sufi-Schule" möglich. Was jetzt zu lernen anstand, das war die Meisterung des Lebens, die wieder in verschiedenen Graden des Dienens ausgedrückt wurde. Es wurde im alltäglichen Leben gelehrt und gelernt: in Derwisch-Berufen wie Fischer, Obsthändler, Schuster, Zuckerbäcker, Teppichknüpfer und anderen. Der Grad der Vollkommenheit in den Sufi-Disziplinen war nicht abhängig von den ausgeübten Berufen. Das sieht man an der großen Verehrung, welche dem Koch in der Sufi-Schule entgegengebracht wird. Denn immer wurde der Frage nach der inneren Haltung und Einstellung hohe Aufmerksamkeit gewidmet. Darüber hinaus wurde der Schüler in künstlerischen Berufen ausgebildet wie z.B. in Kalligraphie, in Musik (Ney-Flöte spielen), in Lyrik oder in Sema, dem Drehen der Derwische.

Die Kunst der Kalligraphie zum Beispiel war einst und ist auch heute noch ein hoch angesehener Beruf im islamischen Raum. An den Höfen der osmanischen Sultane und Herrscher wurde der Kalligraph sehr geschätzt. Der Kalligraph wählte einen (oder mehrere) Lehrlinge aus, die er drei, vier oder mehr Jahre ausbildete. Lernten diese die Regeln dieser Kunst zur Zufriedenheit des Meisters und erledigten sie die Aufgaben mit Geschick, dann bekamen sie eine "icâze", das Diplom vom Lehrherrn. Dieses berechtigte zur Ausübung der gelernten Kunstfertigkeit und gab ihnen das Recht, die eigenen Werke zu signieren und sich auf den Lehrer zu berufen. Lebte dieser jedoch von seiner Tätigkeit, so mußte der zum Meister gereifte Schüler entweder um Erlaubnis bitten, neben dem Meister zu praktizieren, bis zu dessen Tod warten, in einer anderen Stadt sich niederlassen oder zu einem anderen Fürsten ziehen, um dort *frei* arbeiten zu können.

Wie man sieht, beinhaltet die Mystik die höchst praktische Seite der Existenzsicherung und fällt mit einem künstlerischen und alltäglichen Beruf zusammen.

Der Ausbildungsweg zum Derwisch führt durch verschiedene Ebenen und niedere Dienste und dient der "Nefs-Erziehung" (Ego-Erziehung). Der Schüler kommt zu einem Sufi-Lehrer, der ein Handwerker, Fischer, Kalligraph oder

Regierungsbeamter ist. So lernt der Lehrling im jeweiligen Handwerk, im künstlerischen oder im klösterlichen Dienst, neben den beruflichen Kenntnissen Grundbegriffe des Sufi-Weges. Bei persönlicher Eignung erfährt er dann auf der höchsten Ebene menschlicher Begegnung die *Initiation*.

Initiation bedeutet *"Anstoß geben"* und ist ein Lernen, besser ein Übergeben von Wissen, von *Herz zu Herz*. Jenseits jedes Verständnisses geschieht dies durch die *Initiation*. Am besten läßt sich der Vorgang beschreiben mit *Neuschöpfung*. Was vorher weder an Kenntnissen noch an Fähigkeiten vorhanden war, wird möglich und wird in kurzer Zeit in der Welt der *Form* sichtbar werden.

Das Erstaunliche dabei ist, daß ein Handwerker oder der Teppichhändler einen lehrt, das Leben mit allen Sinnen zu umfangen und nicht nur an seine Möglichkeiten zu glauben. So wird verständlich, daß es *nicht* darum geht, an den Sufismus zu glauben, sondern ein *Sufi* zu sein. In den mystischen Sufi-Schulen lebt dieses System heute nach wie vor. Bei einem Derwisch wird dabei ganz besonders auf die "Nefs-Erziehung" geachtet, und die Ausbildung dauert 1001 Tage. Am Ende dieser Ausbildung überträgt der Schaik *bereket* (den Segen Gottes) auf den Schüler.

Vom handwerklichen Beruf bis zur höchsten Berufung durchzieht das System die Gesellschaft. "Who ist who?" Man kann nie wissen, wem man gegenübersteht. Es ist immer der in der Entwicklungsstufe Höherstehende, der sich zu erkennen gibt, und, dem *Sauerteig* gleich, wird das Leben von dieser Art der Bildung durchwirkt, einem Sprichwort folgend: "Die Dinge sind nicht, was sie scheinen!"

Kurz umrissen haben wir das osmanische Lebens- und Bildungssystem dargestellt und auch die verschiedenen Berufe, deren Berufungen und somit die unterschiedlichen Ebenen gezeigt. In vielen traditionsreichen Berufen findet man auch heute noch das gleiche Ausbildungssystem in der Türkei: beim Friseur, Töpfer, Händler, Maler und vielen anderen.

Stufen der Entfaltung

Wir wollen damit die unterschiedlichen Stufen der Entfaltung und des Lernens zugänglich machen. Die 9 Enneagramm-Symbole müssen auf 7 verschiedenen Lernebenen verstanden werden. Denn das Enneagramm beinhaltet den Entwurf einer *Sufi-Pädagogik*, die sowohl *horizontal* in den 9 Symbolen als auch *vertikal* im Sinne einer nach oben strebenden Wendeltreppe ausgespannt sind.

Ein Beispiel illustriert die verschiedenen *Lernqualitäten* auf der ersten der 7 Ebenen anhand der Übung der *"Ich-Bildung und der Selbsterziehung"*. Margrit Demont, eine Lehrerin für Mental-Recycling-Aktiv[2] (diese Methode arbeitet mit dem Enneagramm-Modell), beschreibt und veranschaulicht sie folgendermaßen am alltäglichen Beispiel eines eitrigen Zahnes[3]:

Das Problem:
Mein Zahn schmerzt, er ist eitrig, und ich habe Angst vor dem Zahnarzt.

1. Enneagramm-Punkt: *ICH WILL* das Problem lösen und etwas für meine Gesundheit und mein Wohlbefinden tun.

2. Enneagramm-Punkt: *ICH ERKENNE* mein Problem als Angst vor Schmerzen, dem Bohren, Übelkeit und dem Zahnarzt.

3. Enneagramm-Punkt: *ICH HANDLE* und tue etwas zur Lösung meines Problems und lasse mich von den Ängsten nicht aufhalten. Ich lerne Mental-Recycling-Aktiv[4]. (Jede andere Lösung ist auch in Ordnung.)

4. Enneagramm-Punkt: *ICH LÖSE* mich von meinen emotionellen Blockaden mit Hilfe von MRA und nehme das Neue an.

5. Enneagramm-Punkt: *ICH VERÄNDERE* meine alten Verhaltensweisen und schaffe mir damit neue Werte wie Lebensmut und Vertrauen.

6. Enneagramm-Punkt: *ICH PRÜFE* die Echtheit meines Tuns, gehe zum Zahnarzt und lasse mir den eitrigen Zahn ziehen.

7. Enneagramm-Punkt: *ICH BIN* (begründet) erfolgreich und habe die Angst überwunden.

8. Enneagramm-Punkt: *ICH LEBE* selbstbewußter und freue mich darüber.

9. Enneagramm-Punkt: *ICH BEGEGNE* dem Leben angstfreier und realitätsbezogener. Ich liebe meine neuen Möglichkeiten. Meine Lebensqualität hat sich verbessert. Neues öffnet und erschließt sich.

Wollen, Erkennen, Handeln; Lösen, Verändern, Prüfen; Sein, Verwandeln und Leben bilden einen Erziehungszyklus, von dem jeder Punkt gelernt und geübt werden muß. Ein solcher geschlossener Zyklus öffnet von innen heraus das Leben auf eine neue Daseinsqualität. Das Enneagramm verändert von sich aus nichts, spiegelt aber jederzeit, welcher der Punkte in der "Selbsterziehung" vernachlässigt worden ist.

DAS SUFI-ENNEAGRAMM: UNTERSTÜTZUNG IM WERDEN DES MENSCHEN

Die 9 verschiedenen Punkte des Enneagramms sind Tore zu Entwicklungsräumen des Menschen, die unbewußt hundertmal im Leben durchlaufen werden, aber erst in dem Moment die Zugänge öffnen, in dem das Bewußtsein als Schlüssel zum Wachstum gefunden worden ist. Das Enneagramm ist eine Karte der Seele, die verschlüsselt Auskunft über das Gelingen des Lebens gibt. Wenn bewußt die Fragen nach dem "Woher, Wohin und Wozu" im Leben gestellt werden, dann sind das passende Schlüssel für den Zugang zu den auf- und absteigenden Stufen des Enneagramms. Das Enneagramm hat wie ein Haus mehrere Stockwerke. Sie sind immer dann erreichbar, wenn die derzeitige Ebene bewältigt und der Zugang zur nächsten gefunden wurde. Man hat dann die untere Ebene in Besitz genommen und kann sich auf der nächsthöheren Ebene zu bewegen beginnen. Dieser Prozeß ist vergleichbar mit dem Wachsen eines Baumes, der immer nur das kann, was seiner Entwicklungsstufe angemessen ist. Allerdings können ebensogut alle Enneagrammpunkte durchlaufen werden, und kein zündender Funke stellt sich ein. Man kann das Enneagramm durchlaufen, wie man das Leben durchläuft: essen, trinken, arbeiten, schlafen – wie eine menschliche Maschine[5], ohne Entwicklung, ohne Frage, ohne daß man wach wird für das Leben. Wir werden der Frage, warum das so ist, später nachgehen.

Wie oben mit dem Ablauf gezeigt wird, ist also jeder der 9 Enneagrammpunkte ein Innenraum im Sinne eines *Transitraumes* zwischen *innen* und *außen*, zwischen *quantitativen* und *qualitativen* Leben. Die Möglichkeit des Durchgehens wird so gezeigt.

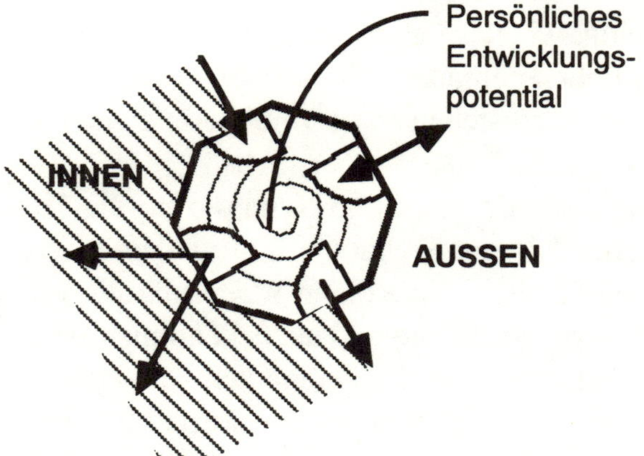

Die Ich-Perspektive erfährt eine Veränderung und bedarf der Entwicklung. Visionen können gefunden und realisiert werden. Hoffnungen werden wahr.

Was gestern noch ein Problem war, kann heute angegangen und morgen schon gelöst sein. Das Sufi-Enneagramm bietet dabei Unterstützung an. Wer den Traum hat, nach Amerika zu fahren, hält bei der Vorbereitung der Reise nach richtigen Informationen und gutem Kartenmaterial Ausschau.

Tore nach Innen

Wenn wir uns dem ersten Tor nähern, dann steht außen der Name *"Absicht*"; das zweite Tor trägt den Namen *"Orientierung*"; das dritte *"Gestaltung*"; das vierte heißt *"Berührung*"; das fünfte *"Wissen und Erkenntnis*", das sechste ist das Tor *"Prüfung bestehen*"; das siebte *"Ankunft*"; das achte ist das Tor *"Wandlung*", und das neunte Tor heißt *"Begegnung*". Wie bei einer guten Geschichte ist es so, daß hinter jedem Tor Aufgaben warten, die erfüllt werden müssen, ehe man – gut gerüstet – weiter gehen darf. Natürlich führt von einem Tor zum nächsten ein Weg, der individuell und unterschiedlich lange ist.. Jeder Enneagramm-Punkt hat mehrere Tore: Es gibt den Eingang, der im Laufe des Lebens benutzt wird und ebenso den Ausgang zum nächsten Punkt darstellt. Weiter gibt es einen Ein- und Ausgang zur Außenseite des Lebens wie auch eine weitere Türe, die nach innen führt und zwei Wege öffnet. Wenn man in hoher Geschwindigkeit die Enneagramm-Punkte passiert, wird der Punkt zu einer Drehtüre, und ehe wir merken, daß zum Beispiel der Punkt "Absicht" über eine Innenseite verfügt, hat man ihn schon wieder verlassen. Unangenehme Enneagramm-Punkte berührt man dann mit der Geschwindigkeit eines sich um die eigene Achse drehenden Ventilators. Die Folge ist: Wahrnehmungsverlust!
Das Sufi-Enneagramm ist eine "Landkarte der Seele", eine Beschreibung des Lebens. Demjenigen, der die Landkarte zu lesen vermag, erzählt sie davon, wie das Leben gelingen kann, oder sie greift nach dem, was das Leben behindert und deshalb verändert werden muß, damit neues Leben entstehen kann. Dabei drängt sich das Enneagramm niemandem auf; jeder findet, was er sucht.
Damit verweisen die Enneagramm-Symbole auf die Tiefenschichten des menschlichen Lebens. So hat Gurdjeff das Enneagramm als Schlüssel zum Zugang für die intellektuelle Welterklärung verwendet, bei den Jesuiten wird es zur Seelsorge und als Erkenntnishilfe für die Charakteren der Menschen genommen, Therapeuten verwenden es als Typologie. Und die Sufis, was machen sie? Sie werfen ihr Herz weit über das Sichtbare hinaus und nehmen das Enneagramm als Schlüssel zur Mitte des Seins.

DIE 9 SCHLÜSSEL ZUM LEBEN

Die Enneagramm-Symbole schlüsseln Fähigkeiten und Fertigkeiten im Sinne von "Samenkornideen" auf. Sie machen auf Prinzipien und Möglichkeiten im Leben aufmerksam. Das Samenkorn beinhaltet die Fülle des Lebens. Dazu folgende Geschichte[6]:

Ein Mann betrat ein Geschäft und stellte erstaunt fest, daß er von einem Engel bedient wurde. Da er nie vorher einem Engel begegnet war, fragte er völlig verblüfft: "Ja, was machen Sie hier!" Der Engel antwortete: "Ich verkaufe!" "Was verkaufen Sie?" fragte der Mann. "Alles, was Sie sich wünschen!" "Wirklich?" fragte der Mann mißtrauisch. "Ja!" sagte der Engel.

Da begann der Mann zu bestellen: einen besseren Arbeitsplatz, Glück und Gesundheit, Friede auf Erden! Der Engel notierte alles genau und ging dann in den hinteren Raum. Der Mann wartete.

Er war aufs äußerste gespannt, was jetzt passieren würde. Nach einiger Zeit kam der Engel wieder zum Vorschein,die Hände voller kleiner Säckchen. "Hier bitte!" sagte er, "da ist der Wunsch nach einem besseren Arbeitsplatz, hier das Glück und die Gesundheit, da der Friede auf Erden!" "Ja, aber was ist denn das?" fragte der Mann völlig erstaunt. "Das", sagte der Engel, "sind alle ihre Wünsche! Aber, wissen Sie, bei uns bekommen Sie nämlich nicht die Früchte, sondern die Samen!"

Enneagramm-Symbole der Lebensbewältigung

1. Die 9 Enneagramm–Symbole sind Samenkörner. Samen sind die kleinste Form einer Möglichkeit. Ein Apfelkern ist ein möglicher Baum, der entsteht, wenn durch Erde, Luft, Sonne und Regen günstige Bedingungen zum Wachsen gegeben sind. Dann wird aus dem Samen ein Baum werden können, der Früchte bringt. Die Enneagramm-Symbole sind Samenkörner des menschliche Daseins, die durch günstige Bedingungen und durch Arbeit zum Wachsen gebracht werden können.

2. Die 9 Enneagramm-Symbole sind durch Wege der Kraft miteinander verbunden. Ein Spruch sagt: "Der Weg erschließt sich im Gehen." Alles, was im Enneagramm genannt wird, sind Qualitäten des "Tuns" und entfalten die Stärken im “Tun“. Nehmen Sie daher das Sufi-Enneagramm als Aufforderung und Einladung zum Handeln.

3. Die 9 Enneagramm-Symbole sind Kraftzentren, die durch ihre Aktivierung im Leben ihre Wirkung entfalten. Das Zentrum der Kraft bildet der Kern der Person, das ICH, welches mit Hilfe der Potentiale zur Persönlichkeit reifen kann.

4. Das Nefs im Enneagramm-Symbol: Nefs ist im Sufismus der Begriff für das “Rohmaterial der Seele“, das erzogen werden muß, wenn das Leben gelingen soll. Ausdrucksformen dafür sind Machtgier, der Wunsch, alles an sich zu reißen; Ego und Egoismus sind unter anderem westliche Begriffe dafür. Nefs kann auch das “Ich der 1000 Gesichter“ genannt werden.

Jeder Enneagramm-Punkt hat seine eigene Nefs-Belastung. Allerdings ist das Nefs mehr als nur eine Charakterschwäche, es kann zur eigenständigen negativen “Schein-Person“ werden. Wird Nefs nicht gebändigt und erzogen, so kann es das eigentliche ICH zerstören, übernehmen und regelrecht auszehren. In Anlehnung an einen Sufi-Spruch[7] kann man sagen: “Wenn du irgend etwas Positives im Leben anstrebst und erreichen willst, dann binde dem Kamel die Knie!“

1. ENNEAGRAMM-SYMBOL: ABSICHT/ZIEL/MOTIVATION (Der Schütze, Pfeil und Bogen, das Ziel)

Absicht – Spannkraft – Befähigung: Etwas Neues beginnen; eine Idee, ein Ziel haben; Neuland betreten; ein Wagnis eingehen; eine Herausforderung annehmen; einen Wunsch in die Wirklichkeit umsetzen. Abenteuer ist in Sicht. Neuanfang und Neuentscheidung!

Thema: Die Absicht ist eine zielgerichtete Kraft! Es ist der Schütze, dessen klare Absicht die innere Kraft *aktiviert*, den Bogen *spannt* und dem Pfeil die *Richtung* gibt. Die Absicht wird zur Spannung und überträgt sich auf den Bogen. Die Spannung wird gehalten, und im Augenblick der Lösung gibt sie dem Pfeil die Energie und Richtung. Was will ich? Absicht ist eine Grundkraft und richtungsweisende Größe im menschlichen Leben, ohne die ich mich gar nicht in Bewegung setzen kann. Sie ist der Wille, zu siegen und ein sich gestelltes Ziel zu erreichen. Ein Kämpfer, der nicht siegen will (d.h. der nicht bereit ist, zu ringen, zu lernen und zu bestehen) hat schon verloren.

Aufgabe: Zielfindung; Absicht definieren; Standpunkt beziehen; Willenserklärung; Aufgabe; Motivationsklärung:

• Ich will; ich wünsche, ich werde, ich entscheide mich!

• Hier schließe ICH einen Vertrag mit mir selbst, in dem ICH festlege, das Ziel zu erreichen. Zu einem späteren Zeitpunkt, wenn Widerstände auftauchen, gibt das die Möglichkeit, darauf zurückzugreifen und neu zu entscheiden.

Grundkraft: Persönliche Stärken und Fähigkeiten entwickeln und den Weg der persönlichen Befähigung gehen.

1. Spannung aufbauen: Die Motivation muß entwickelt werden, um, gekoppelt mit Willensstärke, auf ein Ziel gerichtet werden zu können. Ich will...! Was will ich? Radfahren! Auf den Berg gehen! Ein Studium absolvieren usw.

2. Spannung halten/ausdrücken: Die Absicht muß aufgebaut und durchgehalten werden, bis das (möglicherweise weit entfernte) Ziel erreicht ist. Daran kann der Wert einer Absichtserklärung gemessen werden. Je klarer man weiß, was das Ziel ist, desto leichter erreicht man es.

3. Die Spannung lösen: Die Absicht muß sich im Prozeß der Umsetzung in die Praxis auflösen. Die Motivation, das Ziel zu erreichen, wird in Arbeit, Lernen und Üben umgesetzt.

Die Nefs–Struktur:

• Das Leben verläuft ziellos, und man wird herumgetrieben, wie ein Boot, das keinen Steuermann hat. Man weiß nicht was und wohin man will.

• Ziele und Wünsche erweisen sich als bloße Erwartungen, Illusionen und Träume. Verantwortung für das eigene Leben wird an andere delegiert. Die Folge: Schuldzuweisungen.

• Ich will, ich werde, und es folgt kein Umsetzen in das Leben, oder andere müssen das tun für mich.

Zusammenfassung: Der Spannungsbogen dieses Ennegramm-Symbols umfaßt alle neun Punkte, denn hier wird die Energie entwickelt, die bis über die Sieben (Erreichen des Zieles) reichen muß, damit die Absicht durchgetragen wird und nicht vorher schon zusammenbricht.

Es ist das gesetzte Ziel, das mit dem Blick auf die Sieben die Ausdauer und die Absichtserklärung prüft. Die Freude an dem Erreichbaren auf der Vier beflügelt, kann aber rasch in sich zusammenfallen.

Sieg und Niederlage wird hier entschieden. Der Grundstein für Versagen wird hier gelegt, weil der Selbstwert meist an Leistung, Image und dem Erreichen von Zielen oder Bestehen von Prüfungen geknüpft wird.

2. ENNEAGRAMM–SYMBOL: ORIENTIERUNG/PERSPEKTIVE/VISION (Der Plan, das Haus und die Umgebung)

Die Planung, der Grundstein und der Aufbau: Die Vision, materielle und innere Grundsteinlegung und geistige Perspektiven: Die innerliche Vorstellung wird nach außen in das Leben gebracht. Der Geburtsakt einer inneren Vorstellung eines Hauses ist das materielle Haus, das "Stein für Stein" aufgebaut wird. Was macht mein Leben aus: Auto, Karriere, Familie? Worin besteht das "Lebenshaus"? Ist es bewohnbar? Werden materielle und geistige Grundlagen geschaffen?

Thema: Die Absicht oder das Ziel wird hier in eine konkrete Vorstellung verwandelt: Eine Struktur wird entwickelt. Vorstellung und Visionen stellen eine Grundkraft dar, die zusammen mit der zielgerichteten Absicht 1 "unbesiegbar positiv" macht.

Vorstellung ist ein inneres Bild, das sowohl positiv als auch negativ nach innen und außen wirkt. Selbstbild und Selbstwert werden stark von Bildern geprägt, die wir in früher Kindheit über uns erhalten haben. Die Vision zählt zur Kategorie Glaube, der im Leben richtungsweisend ist und ungeheure Kräfte im Menschen auslöst. Dazu zählen Begriffe wie zum Beispiel Friede, Freiheit oder Liebe.

Aufgaben: Eine Vorstellung vom Leben entwickeln; woran glaube ich? Für die materiellen und geistigen Grundlagen sorgen:

• Ich beginne, mich zu orientieren.
• Herausfinden, welche Grundlagen aufgebaut werden müssen.
• Ich entwickle Vorstellungen und geistige Perspektiven.

Grundkraft: Die Kraft der Vision (des Glaubens) entwickeln und den Weg der Möglichkeiten gehen. (Herausfinden wie die Welt funktioniert!)

1. Das Haus planen: Planung ist der Vorgang, in dem die Idee Schritt für Schritt umgesetzt wird.; es wird festgelegt, wie ein Ziel erreicht werden kann und was in welcher Abfolge gemacht werden kann und soll.

2. Die materiellen und geistigen Voraussetzungen schaffen, um das Haus zu bauen. Was auch immer jemand im Leben vorhat, die geistigen und materiellen Voraussetzungen müssen dafür geschaffen werden.

3. Der Aufbau: Im Falle eines Hausbaues müssen zum Beispiel Aufträge an Handwerker vergeben werden. Im Falle des geistigen Hauses müssen hier die Lernwege und Lernmöglichkeiten gefunden werden.

Die Nefs-Struktur:

• Das Leben und die Vorstellungen nach Lust und Laune werden im Augenblick umgesetzt. Das Entwickeln von Strukturen wird vermieden.

• Ziele werden nicht geerdet und in konkrete Planungsschritte umgesetzt. Das Erreichen eines Ziels unterliegt dem Zufall.

• Strukturlosigkeit und Selbstaufgabe als Flucht vor der Eigenverantwortung. Zaudern und zögern: Soll ich oder soll ich nicht?

Zusammenfassung: Es gibt an diesem Enneagramm-Symbol zwei Häuser, die geschaffen werden müssen: ein geistiges Haus für das innere Leben und ein materielles für das Leben in der Welt. Allerdings unterliegt dieser Enneagramm-Punkt der benachbarten Drei und das ist ein stark mit Illusionen besetzter Punkt. Man sollte sich also davor hüten, sich hier selber zu beschwindeln, indem man durch "geistige oder materielle Erbschaft" auf Grundlagen aufbaut, die nicht durch selbständige Arbeit erworben wurden.

Hier wird der Grundstein für ein *negatives oder positives Selbstbild* gelegt: Jeder Mensch hat eine Vorstellung von dem, was Glück für ihn bedeutet oder was das Leben für einen Sinn hat. Der Unterschied liegt darin, daß die einen sich dessen bewußt sind und die anderen nicht. In der Blickrichtung liegt nach wie vor die Vier, hier befinden sich die emotionalen Blockaden.

Allerdings sind mit Blick auf die Acht die Möglichkeiten der Wandlung angesprochen. Der Vorteil im Bewußtsein liegt darin, daß das *Wissen* die falschen Vorstellungen korrigierbar macht. Die positive Einstellung "ich schaffe es, oder ich mache etwas aus meinem Leben" ist ein Geschenk für das Gelingen des Lebens.

3. ENNEAGRAMM–SYMBOL: BERÜHRUNG/GESTALTUNG/ AUFGABE (Das karge Land, das Kamel, die Palme)

Arbeit – Gestaltung – Berührung: Ich lerne, ich handle, ich packe an (packe zu). Wer leben will, der muß nach dem Brunnen des Lebens in die Tiefe graben. Das Prinzip heißt Arbeit: Arbeit am Aufbau und später an der Erhaltung, am Selbstwert im Widerstand gegen die Wertlosigkeit; EGO und NEFS-Erziehung (siehe eigener Enneagramm-Punkt nach der Neun); ein nicht gebändigtes NEFS ist ein Spielverderber, Illusionist und Magier.

Thema: Um das Land zu bebauen, ist die *Arbeit* das Prinzip, wobei hier Arbeit als sinnerfüllende Tätigkeit zu verstehen ist und durch das Nefs zu einer *maschinellen* Tätigkeit gemacht wird. Das Kamel wird durch die Erziehung gebändigt und stellt ein weiteres Gestaltungsprinzip dar, das je nach Alter und Reife in die *Selbsterziehung* mündet. Die Palme weist darauf hin, daß das Wasser unter der Oberfläche zu suchen ist.

Das eigene Leben wird durch die Übernahme von Aufgaben und deren eigenverantwortlicher Erfüllung gestaltet. Aggression ist dabei eine notwendige Grundkraft im Sinne von “greifen, angreifen – einen Begriff entwickeln“. Es besteht im Suchen und Finden, wo das Wasser des Lebens ist.

Aufgaben: Das Leben mit seinen Aufgaben bewältigen; fertigwerden mit…

- Wer bin ich? Mensch oder Maschine?
- Herausfinden, wie ich Probleme anpacken muß, um sie lösen zu können. Denn der beste Weg der Problemlösung ist, keine Probleme mehr zu benötigen.
- Es ist besser, das Leben in allen Bereichen zu gestalten, als vor dem Leben zu fliehen und sich in Arbeit, Karriere, exzessiven Sport, Sex, Alkohol, Medikamente, Drogen und Suchtformen zu verlieren.

Grundkraft: Die Kraft der Eigenverantwortung nützen und den Weg des Durchbruchs zu sich selbst gehen.

1. Die Arbeit: Den Ton nehmen, ihn mit Wasser versetzen und so lange bearbeiten, bis er *nachgiebig und gestaltungsfähig* wird.

2. Die Formung: Der Töpfer, der den Ton in eine gewünschte Form bringt, hat lange Zeit gelernt, bis ihm dies nahezu spielerisch gelang. Er hat immer wieder mißlungene Formen zerstört, bis er es zur Meisterschaft gebracht hat. Das ist Nefs-Erziehung.

3. Das Geschaffene: Das geschaffene Werk verkündet den Meister, nicht das Diplom. Es erzählt von der Kunstfertigkeit der Hände, die es geschaffen haben. Das Werk erzählt von der Meisterschaft des Lebens unds seiner Qualität.

Die Nefs-Struktur:

• Der Sitz des Nefs/Ego ist in diesem Enneagramm-Punkt: Er ist die Kontrollinstanz, die die Tendenz hat, alles Leben zu ersticken. Der Mensch wird zum Automaten und/oder zum Magier. Die Handlungen sind von Macht, Nutzen, Funktion, Lust/Unlust und Hunger bestimmt.

• Der Mensch wird zum Schauspieler, und die Rolle, die er spielt, wird zum manipulierten Leben. Manipulation, Illusion, Ichlosigkeit und das Leben in Rollen!

• Unterbrechen der EGO-Spiele: Verlust des Bewußtseins von Grenzen führt zur Grenzenlosigkeit durch Allmachtsphantasien oder erstarrt in Minderwertigkeit und Hunger.

Zusammenfassung: An diesem Enneagramm-Punkt gilt es zu verstehen, daß alles, was im Kopf als Idee vorhanden ist, in die Welt gebracht werden muß, wenn der Traum, die Absicht, die Vorstellung und der Wunsch Wirklichkeit werden sollen. Hier wird die Idee in eine Form gekleidet, die der Hände Arbeit bedarf. Die Vase im Kopf des Töpfers wird erst zur Vase, wenn sie mit den Händen umgesetzt wurde, ja, wenn sie durch die Hände *geboren* wurde. Später wird die Form wieder zerbrochen, und das ist der Prozeß des Sterbens.

Tausende von Ideen werden nicht geboren, weil es an der Umsetzung in das Leben scheitert. Einerseits weil das handwerkliche Geschick oder die materiellen Voraussetzungen fehlen (mit Blick auf die Zwei) und andererseits weil die erwünschte Vorstellung eine *Illusion* oder einfach eine *Phantasie* ist. Der Blick auf die Vier kann hier die Arbeit beflügeln oder vom Nefs aus durch Fragen nach dem Sinn oder durch Widerstand gebremst und eingeschränkt werden.

4. ENNEAGRAMM–SYMBOL: RESONANZ/ENERGIE/BEWEGUNG (Der Fluß, das Fundament, die Brücke)

Ich spüre, ich empfinde Mitgefühl: Der Fluß des Lebens wird gehemmt durch aufgestaute Gefühle. Blockaden müssen überwunden und neue Empfindungen erschlossen werden. Schleusen, die die Energie befreien, sollen geöffnet werden. Schmerzen müssen erkannt und gelöst werden. Wovon lasse ich mich berühren?

Thema: Die Kraft der Verbindung ist eine lebensunterstützende Größe im Leben. Wenn Dinge getrennt sind, dann bedarf es einer Brücke zueinander. An dem einen Ufer bin ich und am anderen die unerfüllten (oder unerfüllbaren) Bedürfnisse meines Lebens. Dazwischen liegt der Fluß des alltäglichen Lebens. Wie finden wir zueinander? Manchmal ist die Verbindung die Lösung, aber manchmal auch die Trennung. Wie kann der Weg zu einer guten Trennung gefunden werden?

Die innere Resonanz beinhaltet das Geheimnis der Lösung. Was rührt mich? Was bewegt mich? Was spüre ich? Was brauche ich? Die Resonanz ist die zweite Motivation im Leben, denn jedes Ziel, das keine emotionale Unterstützung erfährt, kann nur sehr schwer erreicht werden. Der Fluß ist die Lebensfreude, die aufgestaut und blockiert zur Depression werden kann.

Aufgaben: Herausfinden, was mich (vom Leben, von Menschen u.a.) trennt oder was mich verbindet. Dinge, die tot sind, loslassen.

- Was trägt mich im Leben und wofür lebe ich?
- Wie lebe ich Irrwege aus? Wohin will ich? Wo bin ich zu Hause?
- Wie löse ich Verstrickungen von Angst, Zorn und Hoffnungslosigkeit?
- Wie erlöse ich mich von meinen emotionalen Defiziten?

Grundkraft: Die Kraft des Mitempfindens entwickeln und den Weg des Sterbens[8] und dadurch der EGO-Überwindung gehen.

1. Die Brücke bauen: Eine Brücke bauen bedeutet, den Zustand des "Dazwischenseins" aufzugeben; das "Ja, aber" im Leben aufgeben. Das "Ja" ist ein "Ja" und das "Nein" ist ein "Nein". Nur die Eindeutigkeit fördert den guten Lebensprozeß!

2. Die Basis schaffen: Es könnte sein, daß mich Probleme oder Blockaden im Leben daran erinnern, daß ich einiges nicht gelernt habe. Dann muß ich die intellektuelle oder emotionale Basis für eine Verbindung oder Trennung erst schaffen.

3. Den Fluß des Lebens annehmen: Das Geheimnis des Lebensflusses besteht darin, daß er vergangene Dinge mitnehmen kann.Voraussetzung ist, daß man Abgestorbenes, Vergangenes, nicht Bewältigtes auch losläßt.

Die Nefs-Struktur:

- Die Nefs-Motivation heißt: "Gut ist, was in mir Emotionen hervorruft, und schlecht ist, was Unbehagen und Schmerz bereitet." Dies bedeutet eine Verweigerung von Leid und von Verantwortlichkeiten.
- Gute Gefühle sind "Beweise" von Qualität und Wahrheit; Denken wird verweigert, weil alles aus dem Bauch heraus beurteilt wird.
- Der Weg in die Sucht und in die unendliche Reizsteigerung ist offen und kippt später in die Depression und Hilflosigkeit um.

Zusammenfassung: Wird auf dem Enneagramm-Punkt 3 die Form geschaffen, so werden hier, auf 4, die inneren Blockaden menschlichen Lebens angesprochen und zur Lösung aufgefordert. Dieser Prozeß heißt *Sterben*. Sterben ist mit

Furcht behaftet. Ich fürchte mich vor dem, was mich befreit, und gehe dazu in den Widerstand. Im Sufismus heißt es, daß die einzige Instanz menschlichen Lebens, die sich vor dem Sterben fürchtet, das Nefs ist. Das Nefs will nicht sterben. Also wird Leid in jeder Form aufrechterhalten.

Dem Kind ist Sterben noch vertraut. Wenn es sich verletzt, läuft es zur Mutter, birgt sich in deren Armen und weint. Das ist Sterben. Ein Kind hat etwas angestellt, es gesteht das ein und wird hart korrigiert. Es ist tief verwundet, verzieht sich in sein Zimmer. Das ist Sterben. Sterben ist die Möglichkeit, Ereignisse des Lebens, die verletzt und verwundet haben, loszulassen. Sterben ist *notwendig!* Dieses Sterben schließt die Vergangenheit ab.

Der Sufi-Weg fordert dazu auf, das Sterben zuzulassen, damit Heilung erfolgen kann. Denn das Nefs/Ego-ICH muß abnehmen, damit das wahre ICH–Selbst zunehmen kann!

5. ENNEAGRAMM–SYMBOL: ÖFFNUNG/ERFAHRUNG/WISSEN (Das Herz, der Ring und die Verbindung)

Wahres Wissen – Erkenntnis – Vertrauen: Das Leben erfährt seine Änderung durch innere Einsicht und durch Erkennen: Ich verändere, ich leide, ich öffne mein Herz. Der Intellekt unterwirft sich dem Herzen; die Einordnung im Vertrauen zur Schöpfung ermöglicht den freien Willen, Wertbildung, bewußtes Sein. Wahres Wissen wird als eigene Größe erkannt und anerkannt.

Thema: Das Herz ist die Mitte des Seins. Das offene Herz wird zur Quelle des inneren und äußeren Lebens und äußert sich in Lebensfreude und Lebendigkeit. Der Ring ist das Symbol der Macht, gebunden im Vertrauen, die dem gegeben wird, der in der richtigen Absicht Antworten auf Lebensfragen und Lebenssinn sucht und findet.

Zum Vertrauen umzukehren, heißt, eine größere Ordnung anzuerkennen und darauf zu vertrauen, daß es stimmt, wenn es heißt: “Die *Wahrheit* wird Dich frei machen!“ Was immer ich suche, es unterliegt der Suche nach Wahrheit. Das Bindeglied zu ihr ist das Vertrauen, Wissen und die Kraft der Lebensänderung.

Aufgaben: Sich zum bewußten Vertrauen zum Leben entscheiden.

- Wer bin ich? Woher bin ich? Wozu bin ich?
- Wie kann ich den Hunger und den Durst, im und nach dem Leben, stillen?
- Was soll ich ändern? Was will ich (nicht) ändern?

Grundkraft: Die Kraft der inneren Einsicht und den Weg der Heilung durch Mitgefühl und der Lebensänderung gehen.

1. Das Herz öffnen: Sich den Hunger und den Durst nach etwas bewußt machen, ihn annehmen und ausdrücken. Was ist meine Not? An wen wende ich mich damit?

2. Den Ring der persönlichen Macht finden: Wer bin ich? Wahres Wissen und Erkennen suchen!

3. Trotz allem Vertrauen zum Leben entwickeln: Was brauche ich zum Leben und zur Lösung meiner Lebensfragen? Worunter leide ich?

Die Nefs-Struktur:

• Das harte Herz und die Tendenz zu Automatismus und dem Abtöten von Empfindungen.

• Geringe Toleranz und Menschenfreundlichkeit. Rückzug in das Schneckenhaus des eigenen Daseins.

• Doppelgesichtigkeit: Nach oben buckeln und nach unten treten.

Zusammenfassung: Hier wird der *Stein* des Lebens vom Leben, von Krisen, Leid und Krankheit erschüttert. Entscheidend ist die persönliche Antwort: Mündet sie in eine Bereitschaftserklärung zum Lernen, zur Erfahrung und zu größerem Wissen, so wird daraus ein *Umwandlungsprozeß.* Der Gewinn ist ein offenes Herz und eine vollzogene Lebensänderung. Der Gewinn ist die Aufgabe von Verhärtungen, von Schmerz und von Verweigerung. Der Stein in der Brust wird zu einem menschlichen Herzen gewandelt.

Mit dem Blick zurück auf die Vier kommt noch einmal der geglückte oder verweigerte Sterbensprozeß ins Bewußtsein. Je nach gelungenem Änderungsprozeß wird hier erkannt, daß eine gute und lebensbegleitende Macht den freien Willen des einzelnen Menschen akzeptiert. Die Auferstehung oder die Verweigerung hat jeder selbst in der Hand.

6. ENNEAGRAMM–SYMBOL: LEBENSMUT/FERTIGWERDEN/NÄHREN (Die Erde, die Hand und der Baum)

Selbstwerdung – Aufgaben erfüllen – Bestehen: Ich prüfe; ich werde geprüft. Echte Selbstwerdung unterliegt Prüfungen, die man annehmen und bestehen muß. Dann kann man Aufgaben annehmen und erfüllen. Das Geschenk des Lebens ist *begründetes* und *erworbenes* Selbstvertrauen; Verantwortung übertragen, erhalten und sie übernehmen; für Menschen sorgen; mit etwas fertigwerden. Die Folge davon ist lebendiges Wachstum!

Thema: Die *Erde* bietet dem Baum alles, was er zum Leben braucht. Sie gibt die Nährstoffe, empfängt Regen und ist der Ort der Verwurzelung. Wenn der

Apfelkern in die Erde fällt, dann beginnt er zu wachsen. Die Erde ist für den Kern da, und er läßt sich von der Erde umhüllen, streckt seine Wurzeln in sie hinein und empfängt alles, was er für sein Wachstum braucht. Nach oben streckt er sich aus und erhält, eingebettet in die Schöpfung, von der Sonne Wärme und vom Regen das Wasser. Jahr für Jahr trägt die Lebensgemeinschaft. Eine pflegende Hand stützt und unterstützt das Wachsen und Reifen des Baumes bis zum Zeitpunkt, an dem er Frucht bringen kann und seine Aufgabe erfüllt.

Der Baum nimmt die Gaben der Natur an und lebt im vollkommenen Austausch mit ihr. Er empfängt, was er braucht, und er gibt an Früchten, was er hat.

Aufgaben: Verantwortungsbewußtsein und Selbstannahme entwickeln; für einen Menschen/eine Idee/einen Sinn leben.

• Herausfinden, was ich zum Leben brauche.

• Die materielle, intellektuelle und geistige Bodenbeschaffenheit des Lebens prüfen.

• Wie verläuft das Wachstum in meinem Leben?

Grundkraft: Die Kraft der Entscheidungsfähigkeit und der Selbstverantwortung nützen und den Weg des wahren Wissens und der Zuversicht gehen.

1. Die Erde ist fruchtbar: Fruchtbar sein ist ein Schöpfungsauftrag, das bedeutet aber auch, die Aufgabe des Nährens, des Pflegens und Sorgens zu übernehmen.

2. Den Baum pflegen: Ich gehe gut mit mir um und achte auf mein/dein Wachstum.

3. Der Baum sein: Ich mache mir bewußt, was den Boden meines Lebens ausmacht. Ist er dürr oder voller Nährstoffe? Habe ich Boden unter meinen Füßen? Bin ich zufrieden im Leben?

Die Nefs-Struktur:

• Die Kontrolle des Lebens; das bedeutet den Verlust von Hingabe, Annahme und das Loslassen von Lebensprozessen, wie sie sind.

• Überzogenes Selbstvertrauen; Mißtrauen säen und Streit ernten.

• Die Kunst, mit überzogener Fürsorge jemanden zu “Tode“ zu lieben.

• Liebe kaufen und abhängig machen. Ja-aber-Spiele. Liebe als Haltung des “So-tun-als-ob“.

Zusammenfassung: Wachstum ist ein Lebensprinzip. Niemand wächst, weil er sich dazu entscheidet, sondern weil es in die Schöpfung eingeschrieben ist! Nur der Mensch hat die Freiheit, Wachstum zu verweigern. Einem Baum käme das nicht in den Sinn. Wachsen in diesem Enneagramm-Punkt bedeutet, begründete Zuversicht haben. Die Erde vorbereiten; den Samen hineingeben und mit der

Erde bedecken, mit Wasser begießen und warten. Warten bedeutet, darauf zu vertrauen, daß es wächst. Sonne und Regen machen den Rest der Arbeit. Wachsen unterliegt einem aktiven und einem passiven Prinzip. Aktiv: Tun, was getan werden muß. Passiv: empfänglich. Mit dem Blick auf die Vier: Zulassen, vertrauen und warten, denn es gibt eine Seite im Wachstum, die dem Prozeß des Werdens unterworfen ist. Mit dem Blick auf die Sieben: Ernten!

Ein praktisches Beispiel dazu: Jemand hat eine Prüfung vor sich: 1. Lernen. 2. Gut schlafen. 3. Zur Prüfung antreten. Was immer dabei herauskommt, ist die Ernte!

7. ENNEAGRAMM–SYMBOL: SIEG/DAS ZIEL ERREICHEN/ BALANCE (Der Berg, der Weg und der Aufstieg)

Sich selbst besiegen – das Ziel erreichen – Ankommen: Am Gipfel der Lust ankommen; den Aufstieg schaffen. Das Ziel wurde erreicht, die Aufgabe gelöst; das Ergebnis: Glück, Freude; der Berggipfel wurde erklommen, die "Aussicht" ist erfreulich. Das Leben verwandelt sich zum Positiven.

Thema: Der Weg wurde gegangen und der Aufstieg mit seinen Anstrengungen bewältigt. Der Lohn ist das Erreichen des Gipfels mit seiner Aussicht auf das Geleistete, das schon der Vergangenheit angehört. Es sind Momente des Sieges, die unser Leben beinhaltet, aber Momente, die das Zukünftige definieren. Der nächste Berg wird noch höher und noch schwieriger sein.

Es heißt, daß ein Weg von 1000 Meilen mit dem ersten Schritt beginnt. Dieser Sieg beinhaltet auch einen ersten Schritt. Er öffnet die Tür zur Wandlung zum positiven Selbstwert und einer Einstellungsänderung dem Leben gegenüber. Wer von Berg zu Berg eilt, der vergißt allzu leicht den Weg hinunter und das Tal dazwischen.

Zunächst wird aber der Weg hinunter in das Tal führen, das den Namen "Alltag" trägt und seinen eigenen positiven Wert besitzt und auf Gestaltung wartet. Man sollte diese Siege und Überwindungen, die im Alltag stattfinden, auch feiern und spielen lernen.

Aufgaben: Den Alltag und die Gipfelerfahrung in Balance bringen.

• Den Weg gehen; den Alltag erfüllen und lustvoll gestalten.

• Herausforderungen annehmen; herausragende Erfahrungen ermöglichen und Feste feiern lernen.

• Sich an eigene Siege und erlebnisreiche Augenblicke im Leben erinnern.

Grundkraft: Die Kraft des persönlichen Mutes entwickeln und den Weg des Spielens mit den Möglichkeiten des Lebens gestalten.

1. Der Berg im Leben: Was fordert mich im Leben?
2. Das Tal: Was drückt mich nieder und belastet mich?
3. Der Sieg: Was habe ich in meinem Leben geschafft, und worauf bin ich stolz?

Die Nefs-Struktur:

- Die Sucht nach mehr: Auto, Frauen, Reiz, Herausforderung, Lust und Abenteuer.
- Alles wird dem Leistungsprinzip unterworfen. Leiste etwas, dann bist du etwas! Dem gegenüber steht Trägheit, Faulheit, Antriebs- und Lustlosigkeit.
- Versager sein: der Weg in die Armut, Hilflosigkeit und Depression. Ich schaffe das nie!

Zusammaenfassung: Lebenslust ist eine hohe Motivation, die zu vielen Dingen befähigt und am besten durch das Fertigwerden mit Lebensaufgaben geerdet und stabilisiert wird. Siegen ist ein lustvolles Geschehen im Leben. Auf Siege folgen normalerweise Feste mit Berührung, Umarmung, Lebendigkeit, Austausch und Tanz.

Das sind auch Kontakt- und Ausdrucksformen menschlicher Sexualitität. Sexualität kann vom Nefs her gesehen die höchste Form der Blindheit und Ablenkung vom Ziel sein. Mit der Erreichung eines Zieles wird sie zum Ausdruck von Lust und Freude. Wenn ein erreichtes Ziel mit dem Blick auf die Eins und von dort auf die Vier betrachtet wird, Lust und Lebensfreude vermittelt werden, dann macht das Lust auf neue Siege, neues Lernen und auf weitere Abenteuer. Mit Blick auf die Sechs wird sichtbar, daß zuvor Prüfungen stattfanden, und noch einen Schritt zurückgehend tritt uns auf der Fünf das geerdete Vertrauen entgegen.

Es geht also nicht an, daß wird den Sieg als Triumph des Leistungsprinzips feiern, sondern wir feiern die Qualitäten von begründetem Selbstvertrauen und dem Durchhaltevermögen eines Spannungsbogens, der von der Eins an bis jetzt durchgehalten wurde und sich hier in Freude am Erreichten auflöst.

8. ENNEAGRAMM-SYMBOL: VERWANDLUNG/LEBENSFREUDE/WACHSTUM

Wandlung – Höhepunkt – Ausdruck: Ich lebe; ich erlebe. Die Möglichkeit zu einer qualitativen Lebensveränderung ist gegeben. Die Sprache des Herzens wird vernommen. Innen und Außen sind im Einklang. Horchen führt zu gehorchen. Leben ist Geschenk; Befreiung aus Starre.

Thema: Das Handeln geht hier in "Geschehenlassen" über. In einer meditativen Haltung richtet sich die *Aufmerksamkeit* nach innen und geht ins "Horchen" über. Ich vernehme die Stimme meines Herzens und gehorche ihr. Das ist gelebte Spiritualität, die geerdet ist und von innen nach außen gelebt wird.

Das Ohr *hört* auf den Inhalt des Vermittelten und *horcht* auf die Qualität der verschiedenen Stimmen innen wie auch außen. Der Mund gibt weiter, was er von der Stimme des Herzens vernimmt, und drückt es aus. Die Tränen erzählen von der Erschütterung, die durch die Verwandlung erlebt wird. Meditation und Kontemplation sind Haltungen, die in die Mitte des eigenen Seins führen und *transzendente Fenster* im Leben öffnen.

Wandlung ist ein Geschenk, das sich aus dem "ausgerichteten" Leben ergibt. Es ist ein freies Geschenk des Lebens an den Menschen, der sich für ein spirituelles Leben öffnet!

Aufgaben: Die Haltung der Aufmerksamkeit entwickeln und Innerlichkeit schulen.

• Ich lerne, in der Mitte zu sein und das Leben heute zu leben.

• Die Kraft der sinnlichen Erregung annehmen, genießen und ausdrücken.

• Das Leben mit allen Höhen und Tiefen annehmen und in Einklang damit kommen.

• Ich lasse mich vom Leben beschenken und lasse Vergangenes los.

Grundkraft: Die Kraft der Aufmerksamkeit schulen und mit allen Sinnen den Weg der Neugestaltung suchen.

1. Das Ohr: Welche Stimmen höre ich in mir? Kann ich sie unterscheiden? Worauf höre ich?

2. Der Mund: Was spreche ich? Fühle ich mich einem positiven Lebensstil verpflichtet? Ist das Leben mit Denken, Fühlen und Handeln im Einklang?

3. Die Träne: Worüber weine ich und empfinde Trauer? Wovon lasse ich mich rühren und emotional erschüttern?

Die Nefs-Struktur:

• Spiritualität als Lebensflucht.

• Ungezügelte Leidenschaft, Lust an Gewalt und Aggression.

• Ein Versager sein: der Weg in die Armut, Hilflosigkeit und Depression. Ich schaffe das nie!

Zusammenfassung: Dieses Enneagramm-Symbol beinhaltet die Möglichkeit der Transzendenz als Fenster zu einer neuen Wirklichkeit. Hier wird Intuition und Inspiration erfahren. Kein Rest an Zweifel bleibt dann übrig. Leben ist ein Geschenk, oder genauer gesagt ein Arbeitsgeschenk! Menschliche Arbeit wird von der Schöpfung angenommen und in Form von Verwandlung des Daseins zurückgespiegelt.

Das Ergebnis: Fest, Geschenk, Frucht, Erlebnis und Vermehrung von Leben. Dort, wo keine Freude mehr war, dort, wo sich Resignation breitgemacht hat, öffnen sich neue Zugänge. Hoffnungslosigkeit löst sich auf, und lang gesuchte Antworten werden gefunden. Das Lebensprinzip Arbeit wird hier von der Schöpfung überhöht. Nie gesagte Worte finden den Weg zum Adressaten. Es ist, als ob die Wüste nach einem Regenguß zu leben beginnt. Die beste Antwort auf die Neugestaltungsimpulse des Lebens ist Dankbarkeit!

9. ENNEAGRAMM-SYMBOL: BEGEGNUNG/NEUWERDUNG/ INITIATION (Der Diamant, das Auge, die Vernetzung)

Beziehung – Konfrontation – Zeugung: Ich liebe, ich begegne. Leben entfaltet sich; Hingabe, Loslassen, Neuwerdung. Reichtum ist der natürliche Zustand des Lebens; Dankbarkeit entfaltet sich. Jede geglückte Begegnung beinhaltet eine Zeugung von neuen Möglichkeiten in der Schöpfung.

Thema: Der Diamant ist ein Stein, der unter Druck und Hitze geboren wurde. Später wird er von kundigen Händen seinem Wesen gemäß geschliffen und poliert. Strahlend reflektiert er das Licht und bricht es in die Regenbogenfarben.

Das Auge hat die Fähigkeit, dieses Licht, das sich im Diamanten bricht, wahrzunehmen. Es ist aber seinerseits ein *Spiegel des Lichts* in der Seele des Menschen. Dieses Licht im inneren des Menschen gibt Auskunft darüber, wer er ist: gebrochen, verletzt, geheilt, getragen, unglücklich, geborgen oder glücklich. Ein Blick in die Augen zeigt das Wesen des Menschen demjenigen, der sehen kann.

Der Regenbogen[9] ist das Vertragssymbol einer Bindung zwischen Mensch und Gott, und jeder, der will, kann daran teilnehmen. Je mehr sich darin einbinden, desto größer wird das Netz der Gemeinschaft.

Aufgaben: Das Gestalten von geglückten Beziehungen; gute Begegnungen entwickeln und suchen; schlechte abbrechen.

- Was bringt mich unter Druck, und wie gehe ich damit um?
- Die Wurzel innerer Hitze, die Ärger, Wut und Zorn erzeugt, herausfinden!
- Neue Möglichkeiten für Beziehungen schaffen und leben.

Grundkraft: Die Kraft der Konfrontation nutzen und den Weg der Neuwerdung und Neugestaltung gehen.

1. Der Regenbogen: Es gibt viel zu sehen, zu riechen und zu schmecken auf der Welt. Eine Fülle von Möglichkeiten öffnet sich demjenigen, der dem Leben und dem Menschen entgegen geht und sich dem, was ist, öffnet.

2. Die Konfrontationsfähigkeit: Konfrontieren heißt, etwas anzuschauen und aushalten zu können. Es ist der Prozeß bewußter Wahrnehmung und des Standhaltens. Gleichzeitig ist das ein Weg der Angstbewältigung.

3. Die Vernetzung: Alle Lebensvorgänge sind miteinander verbunden und vernetzt. Das Leben ist ein Netz aus Beziehungen. Niemand steht für sich alleine. Die Gestaltung von Beziehungen schafft mehr Leben.

Die Nefs-Struktur:

- Nabelbeschau, Selbstsucht und Selbstaufgabe sind Haltungen der "bedingten" Liebe. Manipulation mit Angst.
- Das Schaffen von Abhängigkeiten als Ersatz für gelungene Beziehungen.
- Passivität, Lebensverweigerung, Liebes- und Begegnungsunfähigkeit als ein Pol und Konfrontation als Ausdruck von Streitlust.

Zusammenfassung: Begegnung beinhaltet das Billiard-Prinzip, wonach immer eine Kugel einer anderen einen Anstoß gibt. Sehr oft geben wichtige Begegnungen den Impuls für Veränderungen im Leben. Wenn das geschieht, dann passiert "Initiation". Das bedeutet die Gnade des Neuanfangs: der alltägliche Anfang, den ich *bewußt* ins Auge fasse; bewußt aufstehen, bewußt essen, bewußt fernsehen; nicht dumpf und bewußtlos agieren und reagieren. Es gibt täglich mmer einen Anfang.

Aber es ist auch der Anfang von etwas ganz Neuem, etwas noch nie Gedachtem oder auch von etwas nicht mehr Gedachtem. Alles Neue macht meist angst, und diese Angst muß überwunden werden, wenn das Neue im Leben eine Chance erhalten soll.

Es ist wie ein neuer Lebensanfang. "Die Mitte der Nacht ist der Anfang des Morgens", sagt ein Spruch. Diesen Neuanfang im Leben sollte niemand verpassen. Er muß gedacht, erbeten, erlitten und erhofft werden. Ich muß diesen Anfang mit allen Sinnen wollen!

ENNEAGRAMM-SONDERPUNKT "NEFS" (Macht, Maschine, Magie)

Widerstand – Verweigerung – Leere: Nefs ist die Triebseele und steht im Sufismus für die *"ungezogene, machthungrige, triebhafte Seite im Menschen"*. Im Westen nennt man sie EGO. Sie gilt als Ursache aller tadelnswerten Eigenschaften des Menschen. Der Kampf mit ihr wird als der "Größere Heilige Krieg" bezeichnet, und es wird gesagt, daß "es [das Nefs] der schlimmste Feind ist, den ihr habt!"[10] Es gibt nichts Gefährlicheres, als das Nefs zu unterschätzen und nicht genügend ernst zu nehmen.

Thema: Nefs (Ego) ist eine starke Gegenkraft zum Lebendigen und läßt sich beschreiben als "störrisches, gefräßiges und machtgieriges kleines Kind", das sich aufbläht, vor allem wenn es keine Grenzen erfährt, bis es eines Tages der Herr im eigenen Haus sein wird. Wenn das kleine terrorisierende Kind ist, dann ist es noch immer Terrorist, und niemand hält es mehr (in seiner Entwicklung) auf.

Nefs operiert mit Angst, manipuliert mit Hilflosigkeit, erzeugt Ärger, ist gierig, gibt sich arm und krank, stellt sich dumm, verhält sich völlig passiv, erzeugt Wut und Angst, ist streitsüchtig und gibt sich lammfromm, ändert sich nie, spielt gerne "ja, aber...", versteckt sich hinter Illusionen, gibt sich autoritär, strebt nach Macht und ist ein Magier, um Abhängigkeit zu erzeugen. Nefs schafft Sklaven der Lust, Leidenschaften, der panischen Angst, der Minderwertigkeit und der Depression. In Anlehnung an einen Spruch[11] kann man sagen, daß Nefs (un)glückliche Sklaven der Leidenschaft schafft, die dadurch zu erbitterten Feinden der Freiheit werden. Es macht den Menschen zur Maschine, die nur noch funktioniert.

Das Nefs *verweigert* das Leben und hat *Angst* vor dem Sterben. Es kann damit zwei wesentliche Elemente des menschlichen Lebens und seiner Freiheit besetzen, manipulieren und behindern. Das Nefs hat nur ein Ziel: *Macht, Magie und das eigene Image aufpolieren.*

Aufgaben: In jedem der Enneagramm-Symbole ist das Nefs verborgen; man sollte das Nefs als Ursache vieler Störungen erkennen und nicht unterschätzen.

- Man sollte alles daran setzen, um das Nefs zu erkennen und zu überwinden.
- Stellung beziehen, eine Absage erteilen und negative Eigenschaften ablegen.
- Verantwortung übernehmen und neue Möglichkeiten schaffen.

Grundkraft: Die Kraft der persönlichen Freiheit entwickeln und den Weg der Selbsterziehung konsequent gehen.

Dem Menschen stellen sich sieben Stadien der Nefs-Erziehung[12], die alle Bestandteil des Sufi-Weges sind:

1. Das Individuum, das *keine* Kontrolle über sich selbst hat, hält sich für eine einheitliche und "reife" Persönlichkeit. Es meint nun, daß es wie alle unreifen Individuen eine *vielfältige, schillernde* und *abwechslungsreiche* Persönlichkeit hat.

2. Das Erwachen der *Selbst-Bewußtheit* und der "Anklage". In diesem Stadium erkennt man die *verschiedenen Stimmen* in sich und den *Automatismus* im Denken.

3. Der Beginn der wahren *geistigen Integration*. Das Bewußtsein wird in die Lage versetzt, auf einer höheren Ebene zu funktionieren.

4. Stille Ausgeglichenheit, das *Gleichgewicht* der Individualität wird gefunden.

5. Die Kraft der Erfüllung, der *neuen Erfahrungsdimensionen*, die nicht beschreibbar, sondern nur durch Analogiebildung andeutbar sind.

6. Eine *neue Aktivität* und Wirkungsweise, die außerordentliche Dimensionen der Individualität erschließt.

7. *Vollendung* der Aufgabe der Erneuerung; die Fähigkeit, andere zu lehren; das Vermögen objektiver Erkenntnis wird gewonnen.

Das Nefs ist innen leer. Damit wird die Rolle im Leben zum Inhalt und das Image zum Selbstzweck. Die Beschreibung des Nefs lautet: "Nach außen lächeln und nach innen leer!" Wer im Leben zum Nefs wird, dessen Zustand kann nur mehr mit "tot" beschrieben werden.

Die sieben Stadien der Entwicklung, die vom Nefs be- bzw. verhindert werden, sind inhaltlich eine Kurzableitung der sieben Enneagramm-Ebenen und werden dort ausführlich dargestellt (siehe Seite 22).

Der alles entscheidende Punkt menschlicher Weiterentwicklung ist die Willenserklärung. Dort, wo ich wirklich will, verliert das Nefs seine Macht. Das bedeutet, daß die Willenserklärung "Ich will den Berggipfel erreichen" unbedingt eingelöst werden muß, um als Nefs-Killer wirksam werden zu können. Das bedeutetet wieder nicht, daß alle Menschen, die einen Gipfel erreicht haben, mit dem Nefs oder Ego fertig sind. Es bedeutet vielmehr, daß um persönliche Freiheit gerungen und gekämpft werden muß. Wer den Kampf nicht entscheidet, über den wird entschieden!

EINE ENNEAGRAMM-ERLÖSUNGSGESCHICHTE: DAS GLEICHNIS VOM VERLORENEN SOHN[13]

Dem Nefs stellen wir eine Geschichte der lebensverändernden Kraft des wirklichen Wissens und der Liebe gegenüber, damit sichtbar wird, daß das Nefs eine Aufgabe darstellt, die über das Wohl und Wehe des Lebens entscheidet.

1. Absicht: Weiter sagte Jesus: Ein Mann hatte zwei Söhne. Der jüngere von ihnen sagte zu seinem Vater: Vater, gib mir das Erbteil, das mir zusteht. Da teilte der Vater das Vermögen auf. (Das Erbteil schon zu Lebzeiten des Vaters zu fordern, war erlaubt, galt aber als unschicklich.)

2. Die Perspektive: Nach wenigen Tagen packte der jüngere Sohn alles zusammen und zog in ein fernes Land.

3. Nefs: Dort führte er ein zügelloses Leben und verschleuderte sein Vermögen. Als er alles durchgebracht hatte, kam eine große Hungersnot über das Land, und es ging ihm sehr schlecht. Da ging er zu einem Bürger des Landes und drängte sich ihm auf; der schickte ihn aufs Feld zum Schweinehüten. (Für die Juden ist das Schwein ein unreines Tier, daher ist die Tätigkeit eine absolute Erniedrigung.)

4. Empfindung: Er hätte gern seinen Hunger mit den Futterschoten gestillt, die die Schweine fraßen, aber niemand gab ihm davon.

5. Wissen: Da ging er in sich und sagte: Wie viele Tagelöhner meines Vaters haben mehr als genug zu essen, und ich komme hier vor Hunger um. Ich will aufbrechen und zu meinem Vater gehen und zu ihm sagen: Vater, ich habe mich gegen den Himmel und gegen dich gesündigt. Ich bin es nicht mehr wert, dein Sohn zu sein; mach mich zu einem deiner Tagelöhner.

6. Prüfung: Dann brach er auf und ging zu seinem Vater. Der Vater sah ihn schon von weitem kommen, und er hatte Mitleid mit ihm. Er lief dem Sohn entgegen, fiel ihm um den Hals und küßte ihn.

7. Ankommen: Da sagte der Sohn: Vater, ich habe mich gegen den Himmel und gegen dich versündigt; ich bin es nicht mehr wert, dein Sohn zu sein. Am Schluß des Verses fügen manche Textzeugen hinzu: Mach mich zu einem deiner Tagelöhner.

8. Geschenk: Der Vater aber sagte zu seinen Knechten: Holt schnell das beste Gewand, und zieht es ihm an, steckt ihm einen Ring an die Hand und zieht ihm Schuhe an. Bringt das Mastkalb her, und schlachtet es; wir wollen essen und fröhlich sein.

9. Neuwerdung: Denn mein Sohn war tot und lebt wieder; er war verloren und ist wiedergefunden worden. Und sie begannen, ein fröhliches Fest zu feiern.

Die Anklage: Sein älterer Sohn war unterdessen auf dem Feld. Als er heimging und in die Nähe des Hauses kam, hörte er Musik und Tanz. Da rief er einen der

Knechte und fragte, was das bedeuten solle. Der Knecht antwortete: Dein Bruder ist gekommen, und dein Vater hat das Mastkalb schlachten lassen, weil er ihn heil und gesund wiederbekommen hat.

Da wurde er zornig und wollte nicht hineingehen. Sein Vater aber kam heraus und redete ihm gut zu. Doch er erwiderte dem Vater: So viele Jahre schon diene ich dir, und nie habe ich gegen deinen Willen gehandelt; mir aber hast du nie auch nur einen Ziegenbock geschenkt, damit ich mit meinen Freunden ein Fest feiern konnte. Kaum aber ist der hier gekommen, dein Sohn, der dein Vermögen mit Dirnen durchgebracht hat, da hast du für ihn das Mastkalb geschlachtet.

Die Rechtfertigung: Der Vater antwortete ihm: Mein Kind, du bist immer bei mir, und alles, was mein ist, ist auch dein. Aber jetzt müssen wir uns doch freuen und ein Fest feiern; denn dein Bruder war tot und lebt wieder; er war verloren und ist wiedergefunden worden.

Zusammenfassung: Wir wollten Ihnen zeigen, wie ernst im Neuen Testament das Thema *Nefs* oder die *Ego*-Bewältigung genommen wird. Dem Nefs zu folgen wird mit dem Tod verglichen, dem Auflösen von menschlicher Würde, von Wissen und Werten. Der Sohn, der sich mit den Schweinen herumwälzt, ist der Gegenpol zu Menschenwürde, Freiheit und dem Möglichkeiten, zu denen er berufen ist.

Wird der Nefs-Zustand verlassen, dann löst dies große Freude in der Schöpfung über die gelungene Änderung aus.

4. Kapitel

VERNETZTES LEBEN

Leben ist ein Netzwerk von Beziehungen, Bedürfnissen, Fragen und Antworten. Das Sufi-Enneagramm ist auch ein Netz; ein Netz, das nur ganz bestimmte Sichtweisen von Problemen, wie sie entstehen und wie sie gelöst werden können, zuläßt. Es leistet damit seinen Beitrag zur Entflechtung von Problemen und Konflikten.

Aus den zwei ineinanderliegenden Diagrammen ergeben sich Hauptpunkte und Nebenpunkte, die zwar im Diagramm nicht miteinander verbunden sind, aber dennoch auf dem Kreis liegen:

Hauptpunkte

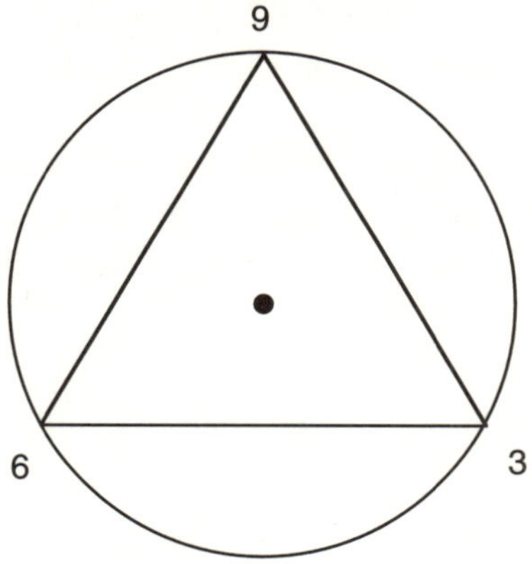

Nebenpunkte

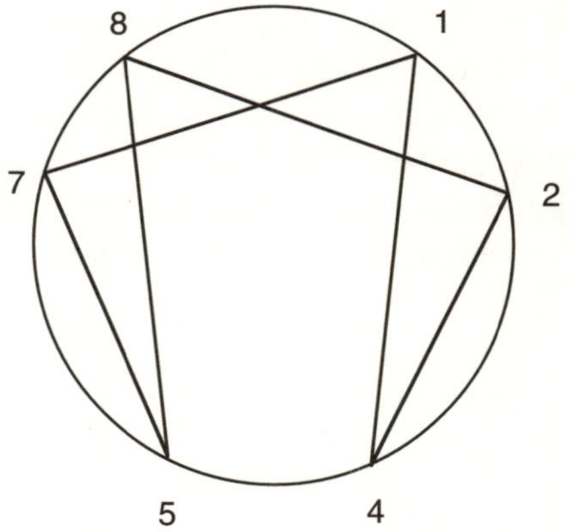

9 Begegnung & Konfrontation
3 Gestaltung & Aufgabe (Nefs)
6 Lebensmut & mit etwas fertigwerden

1 Absicht & Ziel
2 Orientierung & Perspektive
4 Resonanz & Bewegung

---

5 Öffnung & Wissen
7 Sieg & Balance
8 Verwandlung & Lebensfreude

Hauptpunkte

Die Hauptpunkte sind Qualitäten im Leben, die alles beinhalten, was das Leben zur Entfaltung bringt. Sie verbinden die Enneagramm-Symbole **9** Begegnung & Konfrontation mit **3** Gestaltung & Aufgabe (Nefs-Kontrolle) und **6** Lebensmut & mit etwas fertigwerden.

Die drei Hauptpunkte verbinden das Beziehungsprinzip mit dem Gestaltungsprinzip und der persönlichen Kompetenz. Begegnung und Konfrontation sind im Sufismus hochstehende Qualitäten, ohne die es keine Lebensveränderung geben kann. Begegnung, sagt man, ist der Schlüssel zum Himmelreich. Wer begegnungsfähig ist, der hält die Fülle und Intensität des Lebens in den Händen. Gestaltungsfähigkeit ist die Ausdruckskraft, die der Kreativität Form verleiht. Lebensmut ist Ausdruck einer gereiften Persönlichkeit, die das Leben als Aufgabe bewältigt hat und weiterhin bewältigt. Die Lösung von Aufgaben ist der wahre Gradmesser des persönlichen Wachstums und der Bewältigung des Nefs.

Nebenpunkte

Sie verbinden Enneagramm-Symbole **1** Absicht & Ziel mit **4** Resonanz & Bewegung, mit **2** Orientierung & Perspektive, mit **8** Verwandlung & Lebensfreude, **5** Öffnung & Wissen, **7** Sieg & Balance und zurück zu **1**.

Die Nebenpunkte sind die schrittweise Ergänzung des persönlichen Wachstums. Sie verkleinern die Schritte, und man könnte sagen, daß sie die Lerneinheiten leichter bewältigbar machen.

Damit ergibt sich die Möglichkeit, von jedem Enneagramm-Symbol einen bestimmten Umkreis direkt zu sehen und gleichzeitig mit anderen Punkten, die am Kreis liegen, indirekt verbunden zu sein. Damit spannt sich ein Netz von Zusammhängen auf, das wir jetzt vorstellen.

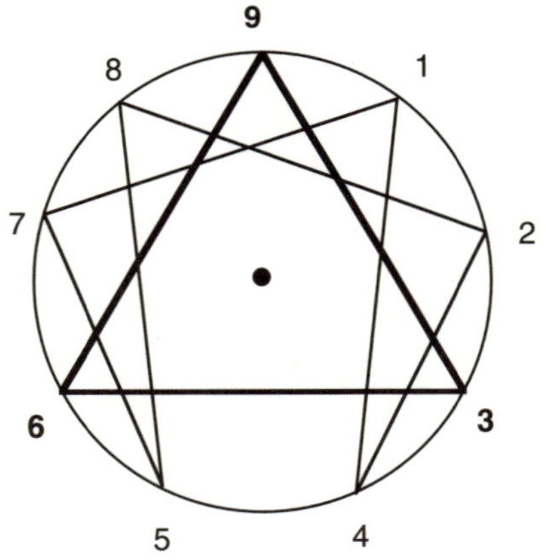

Wenn man nun beide Diagramme wieder ineinanderlegt, dann ergeben sich mehrere Blickpunkte: direkter Sichtkontakt von einem Enneagramm-Symbol auf andere und jeweils der Kontakt mit einem rechten und einem linken Flügelpunkt. Wir betrachten nur die Sichtweisen der Hauptpunkte und erschließen deren Bedeutungen. Damit erschließen wir wie bisher einige Zugänge exemplarisch und zeigen Zusammenhänge und Interpretationsmöglichkeiten auf, so daß jeder Leser in der Lage ist, aus seiner Situation dasselbe zu machen.

Das Enneagramm-Symbol 9 BEGEGNUNG

Die 9 hat die 8 und 1 als Flügelpunkte und sieht die 6 und 3 direkt.

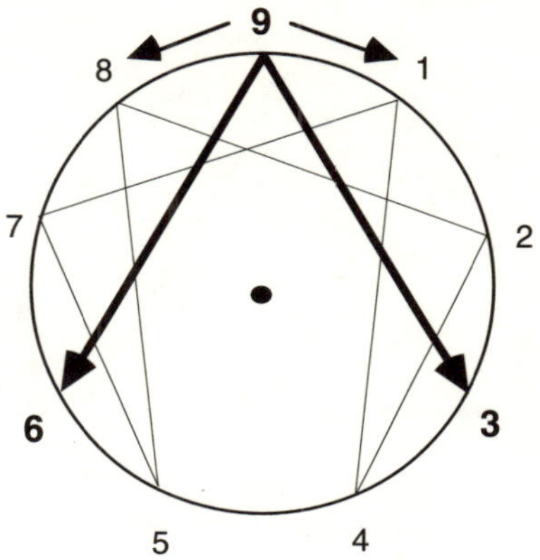

A) Die **9 Begegnung** mit den Flügelpunkten 8 Verwandlung **<– –>** 1 Absicht. Die Begegnung verwandelt den Augenblick positiv oder negativ. Sie hinterläßt einen inneren Eindruck, der Neues ermöglicht.

B) Die **9 Begegnung** ist direkt verbunden mit 6 Lebensmut/3 Gestaltung (Nefs).

Begegnung wird von der 6 wesentlich beeinflußt, denn Lebensmut unterstützt Begegnungsfähigkeit. Die 3 hilft mit konstruktiver Gestaltung. Negativ hingegen wirkt Nefs im Sinne der Kontrolle des Geschehens durch emotionelle Störungen mit warnenden Stimmen im Kopf, mit Moralismen oder Angst vor dem Kommenden.

Begegnung ist also eingebettet in ein Netz von Faktoren wie der **Absicht:** Was will ich? – Vom persönlichen Mut: Worauf lasse ich mich ein? – Von der **Gestaltung**: Was mache(n) ich (wir) daraus? – Von der **Nefs-Kontrolle**: Wie könnte das Geschehen gestört werden und von welchen Befürchtungen? – Von der Bereitschaft der **Verwandlung**: Wie weit bin ich bereit, mich von der Begegnung verwandeln zu lassen? Begegnung schafft gute Beziehungen und gibt neue Anstöße.

Dies zeigt, daß Begegnung & Beziehung ein komplexes Geschehen ist. Es hängt davon ab, in welcher Weise die Enneagramm-Symbole zueinander stehen, wie weit sie entwickelt sind und wie sie auf einander wirken. Begegnung kann daher auf völlig verschiedenen Ebenen stattfinden, auf völlig unterschiedlichen

Niveaus. Begegnung am Stammtisch hat eine andere Qualität als zum Beispiel die Erfahrung von Intimität und der Nähe zweier Menschen, die sich lieben.

Das Enneagramm-Symbol 3 GESTALTUNG

Die 3 hat 2 und 4 als Flügelpunkte und sieht 9 und 6 direkt.

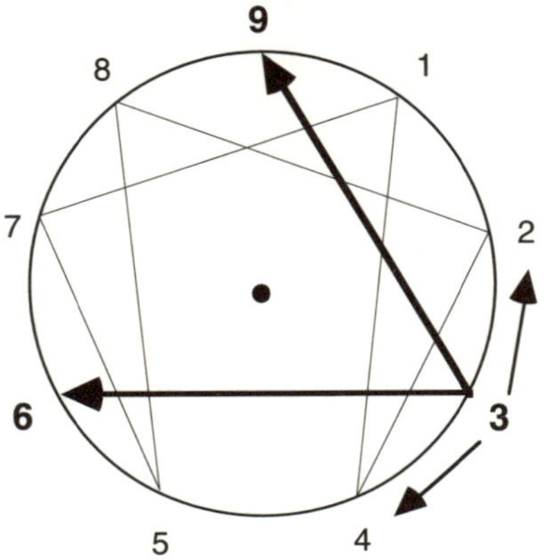

A) Die **3 Gestaltung** hat die Flügelpunkte 2 Orientierung/4 Resonanz.

Gestaltung ist das verantwortliche Umgehen mit den Möglichkeiten des Lebens; dies wird beeinflußt von den vorhandenen Vorstellungen, die hier konkretisiert werden, und das hinterläßt eine emotionelle Resonanz, die ein innerer Ansporn ist.

B) Die **3 Gestaltung** ist direkt verbunden mit 9 Begegnung/6 Lebensmut.

Gestaltung wird von der 6 wesentlich unterstützt, denn der Mut zur Gestaltung des Lebens ermöglicht die Übernahme von Aufgaben. Gelöste Aufgaben wirken in die Richtung der 9 beziehungsbildend und wachstumsfördernd.

Nefs unterbricht als Kontrollinstrument den positiven Fluß des Lebens und schafft Frustration oder Enttäuschung.

Gestaltung ist also ein Lebensprinzip, welches das, was mir begegnet, innerlich und äußerlich umsetzt. Malen, zeichnen, modellieren, singen, tanzen, erzählen und Bücher schreiben sind Möglichkeiten, das, was mir begegnet, gestalterisch auszudrücken. Mit der 4 zusammen wird hier auf der 3 der Freude, dem Sinn, dem, was mich betrifft, Ausdruck verliehen. Auf der 2 entsteht die innere Vorstellung und auf der 3 erhält sie die materielle Gestalt. Es ist ein Schöpfungsakt, der hier gelingt oder vom Nefs gestört wird und mißlingt.

Erfolg oder Versagen liegen auf diesem Enneagramm-Symbol. Was immer im Leben nicht umgesetzt wurde oder mißlungen ist, muß an diesem Punkt revitalisiert und erneuert werden. Ein Leben, das nichts ausdrückt wird starr, tod und ist ein “ausdrucksloses Leben“!

Das Enneagramm-Symbol 6 LEBENSMUT

Die 6 hat 5 und 7 als Flügelpunkte und sieht 9 und 3 direkt.

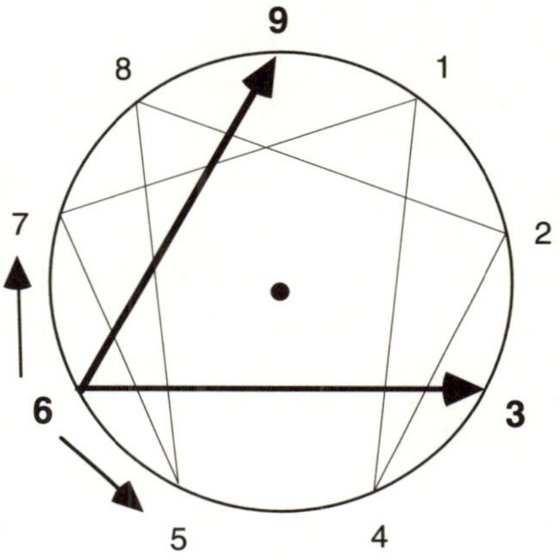

A) Die **6 Lebensmut** hat die Flügelpunkte 8 Verwandlung/1 Absicht.

Lebensmut und das Fertigwerden mit den Aufgaben sind zentrale Punkte für das Gelingen des Lebens. Es reicht weit über die persönliche Seite hinaus, denn es ist genauso entscheidend, für Familie, Gesellschaft, Religion und Politik mutige Persönlichkeiten zu haben. Sie bilden das Rückgrat der Welt.

B) Die **6 Lebensmut** ist direkt verbunden mit 9 Begegnung/3 Gestaltung (Nefs).

Lebensmut ist mit dem Punkt des Herzens verbunden und damit an Existenzfragen gekoppelt. Mut ist also verbunden mit der Frage, wofür ich mich einsetzen will, und wird damit zur Prüfung der eigenen Gesinnung. Wird die Prüfung bestanden, dann winkt der Sieg auf der 7. Menschliche Arbeit wird beschenkt durch Redlichkeit, Treue und der Fähigkeit, für jemanden oder etwas einzustehen. Die Nefs Antwort ist Duckmäusertum, offene oder verdeckte Rebellion und Feigheit.

Hier verweisen wir auf den Umstand, daß die Enneagramm-Symbole 4 und 5 zwar am Kreis liegen, aber nicht mit einer Linie verbunden sind. Hingegen sind 3 und 6 direkt gegenüber. Die 4 schließt die *funktionale* Seite des Lebens ab, und 5 öffnet den Zugang zur *qualitativen* Seite des Lebens. Es sind zwei Welten in jedem Leben eingebettet, die aus jedem Menschen einen Grenzgänger machen. Die Grenze kann nur durch den *Prozeß des Sterbens* überwunden werden (siehe Enneagramm-Symbol 4), und das braucht Mut und Zuversicht.

DIE ENNEAGRAMM-UHR: FRAGEN, DIE DAS LEBEN BEWEGEN

Alles hat seine Zeit. Bestimmte Fragen brauchen auch manchmal eine bestimmte Zeit, in der die Bereitschaft da ist, sie überhaupt an sich heranzulassen. Anhand der Enneagramm-Uhr sind Fragen aufgefächert, die bestimmte Stärken und Schwächen bewußt machen sollen. Sie setzen Impulse, die einen Fingerzeig darstellen, was möglicherweise noch zu lernen oder zu ändern ist. Das Sufi-Enneagramm ist eine Schule des richtungsweisenden Denkens!

Alle paar tausend Kilometer sind wir bereit, unser Auto zum Service zu geben. Hier liegt eine Liste für einen seelischen Innenraumservice und einen äußeren Lebenscheck vor, der helfen kann, sich Leid durch Lebensänderung zu ersparen. Der kürzeste Weg, Unannehmlichkeiten zu umgehen, heißt rechtzeitig denken. Vorausdenken ist erheblich klüger, als nachzudenken, wenn schon alles passiert und vorüber ist!

1. Absicht/Ziel/Motivation

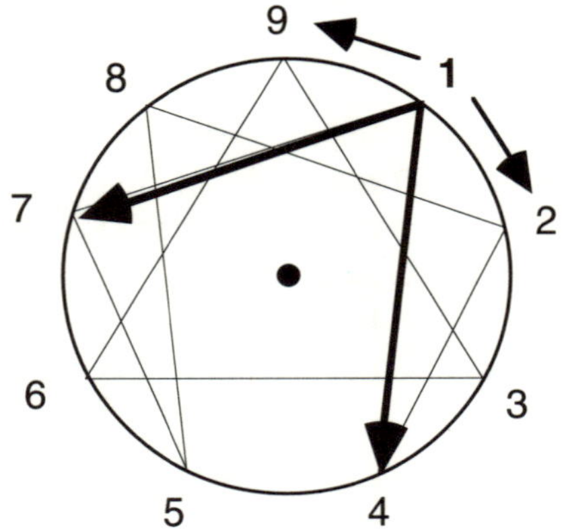

- Was will ich im Leben erreichen?
- Was will ich lernen?
- Welchen Dingen versuche ich, aus dem Weg zu gehen?
- Welche Begegnungen haben mein Leben verändert?
- Welchen Begegnungen gehe ich aus dem Weg?
- Wie stelle ich mir mein Leben in fünf Jahren vor?
- Welche 3 Ziele setze ich mir für die nächste Zeit?
- Worauf freue ich mich in der nächsten Woche?
- Was will ich? Siegen oder Verlieren?
- Was spiegelt mir mein Leben darüber?

2. Orientierung/Perspektive/Vision

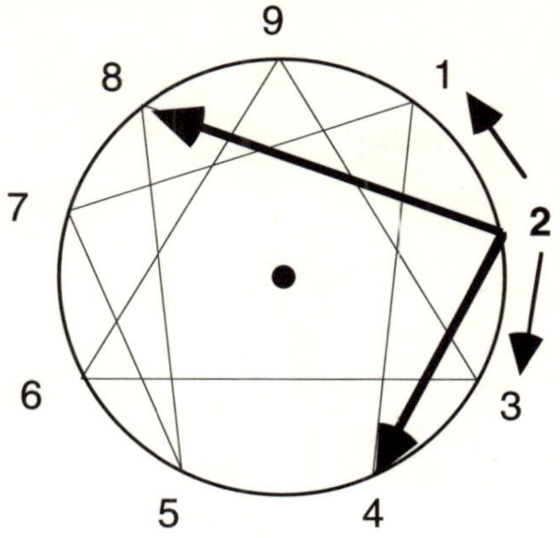

- Habe ich eine Vision für mich?
- Woran orientiere ich mich in entscheidenden Lebensfragen?
- Welche Ziele/Wünsche will und werde ich in nächster Zeit umsetzen?
- Woran scheitert das Umsetzen von Wünschen und Zielen?
- Wohin führt das Leben nach dem Leben?
- Was ist ein erfüllender Lebenssinn für mich?
- Was ist für mich "Glück"?
- Wie beantworte ich die Frage: "Wer bin ich und wozu bin ich hier?"
- Was ist der größte Wunsch meines Lebens?

3. Berührung/Gestaltung/Aufgabe

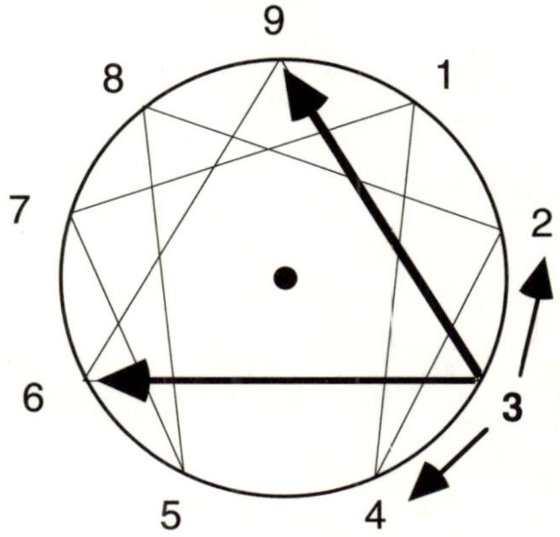

- Welche Aufgaben sind mir unangenehm und wie verschiebe ich sie?
- Was löst der Gedanke an Berührung aus?
- Welche Konfrontationen scheue ich?
- Was schiebe ich ständig vor mir her?

- Welche Strategie habe ich, um dem Widerstand zu leisten, was ich nicht will?
- Was kann ich an mir nicht akzeptieren?
- Was stört mich an anderen Menschen?

4. Resonanz/Energie/Bewegung

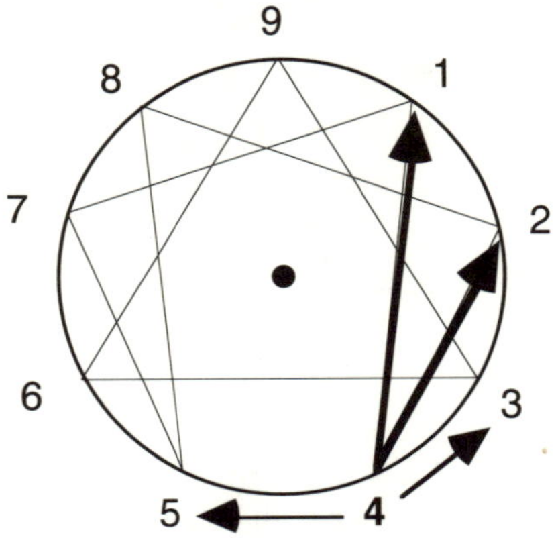

- Was ist das Schneckenhaus meines Lebens?
- Was lösen bei mir Tränen und Trauer aus?
- Welche Vermeidungsstrategien habe ich?
- Wofür schäme ich mich?
- Wie gehe ich mit Ärger um?
- Wie gehe ich mit Schmerzen um?
- Was löst Freude aus?
- Wie zufrieden lebe ich?
- Wie gehe ich mit Gefühlen um?

5. Öffnung/Erfahrung/Wissen

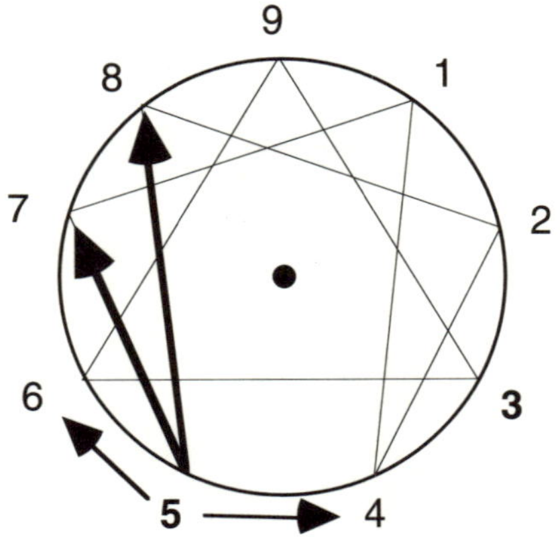

- Worin besteht die schwerste Belastung meines Lebens?
- Was ist mir am wichtigsten für mein Leben?
- Was bedeutet mir Wissen?
- Woran glaube ich? Gott, Liebe?
- Wofür setze ich mich persönlich ein?
- Welchen Wert hat Mitmenschlichkeit für mich?
- Wonach sehne ich mich?
- Was gibt mir Zufriedenheit und Glück?
- Bin ich ein herzlicher Mensch?
- Lebe ich familienbezogen oder bin ich Einzelgänger?

6. Lebensmut/Fertigwerden/Nähren

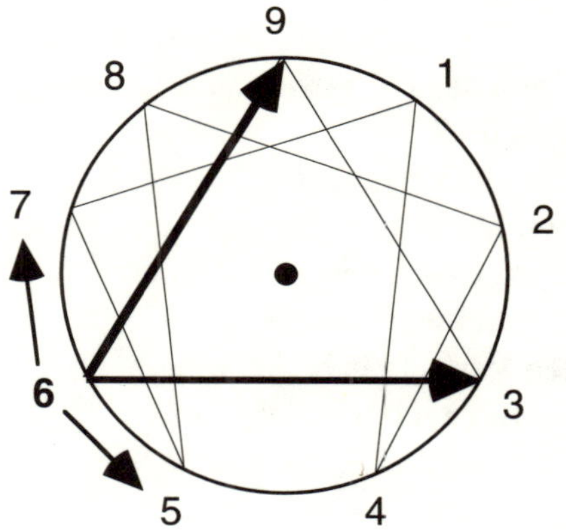

- Für wen oder was lebe ich?
- Was spielt Mut für eine Rolle?
- Was ist die Basis meines Lebens?
- Welche Menschen verachte ich?
- Ziehe ich mich in einem Konflikt zurück oder setze ich mich durch?
- Wofür setze ich mich ein?
- Benutze ich Kranksein, um etwas Unangenehmem aus dem Weg zu gehen?
- Bin ich bereit um mein Leben zu kämpfen?
- Was war eine schwere Prüfung für mich im Leben?
- Wie habe ich diese Prüfung bestanden?
- Nehme ich erlittenes Leid als Ausrede für Lebensveränderung?
- Was löst in mir der Gendanke an das Versagen aus?
- Kann ich Hilfe annehmen?
- Wonach habe ich Hunger?

7. Sieg/Zielerreichung/Balance

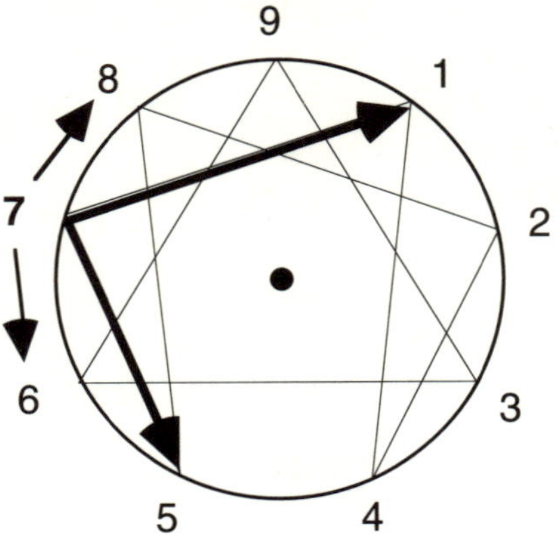

- Wachstum oder Starre: Was ist derzeit vorherrschend?
- Bin ich ein Mensch, dem das Fertigwerden im Leben wichtig ist?
- Wie gehe ich mit Angst um?
- Bin ich ein Sieger oder ein Verlierer?
- Bin ich eifersüchtig auf Menschen, die mehr erreicht haben als ich?
- Sind religiöse Menschen Gewinner oder Verlierer?
- Was ist der größte Sieg in meinem Leben?
- Welche schmerzhaften Verluste habe ich erfahren?
- Bin ich glücklich oder fühle ich mich einsam?
- Freut es mich, wenn ich ein Ziel erreicht habe?
- Kann man einen Sieg planen?

8. Verwandlung/Lebensfreude/Wachstum

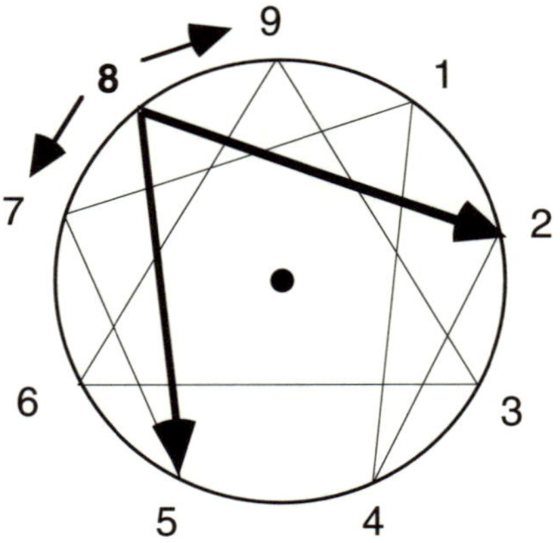

- Was ist die Quelle meines Lebens?
- Wonach sehne ich mich?

- Was erfüllt mich mit Zuversicht und Freude?
- Was ist der größte Schmerz meines Lebens?
- Was denke ich über Liebe und Partnerschaft?
- Wieviel bedeutet mir Familie?
- Bin ich gerne unter Menschen?
- Was spielen Neid und Eifersucht für eine Rolle in meinem Leben?
- Lebe ich leidenschaftlich gerne?
- Wie wichtig sind mir Gefühle?
- Koche ich oft innerlich vor Zorn?

9. Begegnung/Neuwerdung/Initiation

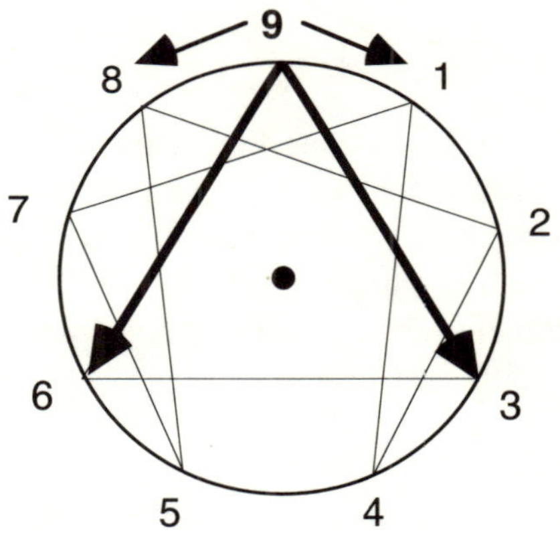

- An welche Begegnungen im Leben erinnere ich mich gerne?
- Halte ich mich für konfrontationsfähig?
- Was in meinem Leben ist für mich selber eine Überraschung?
- Wie reagiere ich unter Druck?
- Sage ich eindeutig ja zum Leben oder neige ich zum Ja, aber?
- Wieviele glückliche Beziehungen habe ich, und worin besteht das Glück?
- Bin ich gerne alleine?
- Wofür bin ich aus ganzem Herzen dankbar?
- Was bildet die Mitte meines Lebens?
- Wem bin ich vollkommen zu vertrauen bereit?
- Kann ich nein sagen?
- Hat religiös sein etwas mit persönlichen Glück zu tun?
- Was löst der Gedanke an das Sterben in mir aus? Schiebe ich ihn weg?
- Wie stehe ich zu meiner Sexualtiät?
- Wie steht es mit meiner Lust auf das Leben?

Kontrolle/Macht/Magie/ Nefs

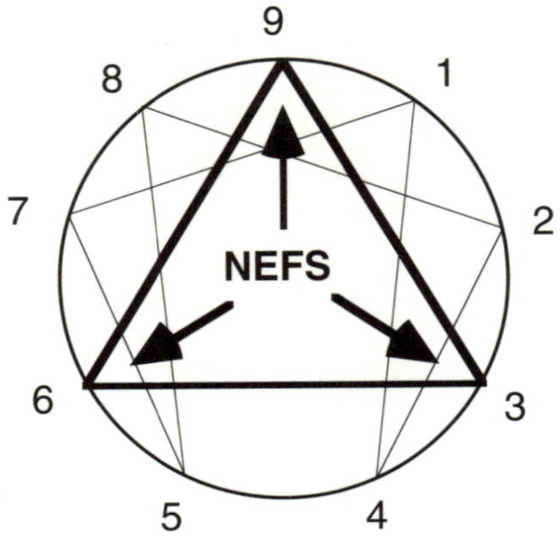

- Was übe ich lieber aus: die Macht oder das Verharren in Ohnmacht?
- Fühle ich mich zu allem Übersinnlichen hingezogen?
- Wahr ist für mich hauptsächlich, was mich beeindruckt!
- Wenn es Gott gibt, warum läßt er das Leid zu?
- Vertrauen ist gefährlich! Ich bin schon zu oft hineingefallen!
- Das einzige, was wirklich zählt, ist Geld!
- Magie macht mich an!
- Wie ernst nehme ich das Nefs?
- Womit bin ich am leichtesten zu beeindrucken und zu manipulieren?

ENNEAGRAMM-ÄNDERUNGSSCHRITTE

Wenn Sie die Fragen durchgearbeitet haben, dann werden Sie feststellen, daß es welche gibt, auf die Sie mehr oder weniger "klingen". Die Breite der Resonanz kann von "kalt ablehnend – neutral – unangenehm berührt sein – angstvolles Kribbeln im Bauch" bis zu "gar nicht hinschauen wollen" die unterschiedlichsten emotionellen Färbungen haben. "Ganz kalt" und alles, was "beunruhigt" bis "ablehnend" ist, stellt eine klare Aufforderung dar, sich damit genauer auseinanderzusetzen. Wenn Sie das wollen, dann setzen Sie einen Schwerpunkt: Finden Sie heraus, welches Enneagramm-Symbol die meisten Reaktionen hervorruft. Sie können auch mehrere wählen.

Die Enneagramm-Checkliste

1. Die Absicht

Klären Sie ihre eigene Absicht und Bereitschaft, ob Sie nur neugierig sind oder konkret an den Fragen arbeiten wollen. Wenn Sie arbeiten wollen, dann machen Sie eine klare Absichtserklärung in Form eines "Vertrages" mit sich selber, in dem Sie sich "für die Änderungsarbeit" entscheiden!

2. Die Orientierung

Nehmen Sie ein Tagebuch. Machen Sie die Arbeit schriftlich mit einigen Zeilen, damit sie jederzeit darauf zurückgreifen können. Legen Sie realistische Ziele fest und feilen Sie die Vorstellung des geänderten Zustandes aus. Was wollen Sie ändern und in welchem Zeitraum soll das geschehen? Das ist wichtig, weil Nefs gerne Änderungswünsche in nie endende Prozesse verwandelt!

3. Die Gestaltung

Arbeiten Sie sowohl die Fragen als auch die Enneagramm-Symbole einzeln durch, ehe Sie Querverbindungen mit anderen Punkten herstellen. Geben Sie sich Rechenschaft darüber, welche Fragen Sie berühren. Das ist gleichzeitig eine Absage an die Störungen, die aus dem Nefs kommen können.

4. Die Resonanz

Visualisieren Sie den erwünschten Zustand der Änderung mit allen Sinnen und füllen Sie ihn gefühlsmäßig mit angenehmen Empfindungen! Seien Sie konkret und stellen Sie Verbindung mit dem alltäglichen Leben her. Vermeiden Sie die Suche in der Vergangenheit!

5. Die Öffnung

Wie sehr sehnen Sie sich nach der Änderung! Ist es für Sie eine Herzensangelegenheit? Wie sehr sind Sie davon überzeugt, daß das ohnehin nicht gelingen kann. Was fehlt an Wissen über die Erreichbarkeit des Zieles? Lassen Sie kein inneres Argument gelten, daß es nicht gehen könnte (Nefs!).

6. Der Lebensmut

Seien Sie mutig! Rückschläge sind normal. Nur keinen Perfektionismus. Finden Sie heraus, wo Sie Hilfe brauchen, und nehmen Sie diese auch in Anspruch. Änderung ist ein Lernweg, der lange dauern kann. Um einen *unerwünschten* Zustand verlassen zu können, muß ein *erwünschter* aufgebaut und *stabilisiert* werden!

7. Der Aufstieg

Schauen Sie auf das, was Sie ändern – auf jede Kleinigkeit –, und nicht auf das, was noch nicht geändert ist. Teilen Sie den Änderungsweg in Einzelabschnitte und feiern Sie jeden Teil als Einzelsieg. Die Reifeprüfung wird auch nicht in einem Tag erreicht! (Nefs wird Ihnen immer sagen, daß es noch nicht genug ist!)

8. Lebensfreude

Lassen Sie sich nicht entmutigen, denn Änderung ist schwer, weil ein Zustand erreicht werden soll, der erst neu erarbeitet werden muß. Lernen ist des Menschen Stärke. Lassen Sie sich, wenn es geht, auch von der Umwelt bestätigen. Stehen Sie zum kleinsten Änderungsschritt auch nach außen. Realisieren Sie dabei immer auch die innere Qualität der Veränderung. Wie fühlt sich das Erreichte an? Lassen Sie nicht zu, daß Nefs Ihr Bemühen abwertet! Wehren Sie sich dagegen!

9. Die Neuwerdung

Inwiefern beeinflußt die Arbeit an der Veränderung Ihr Selbstbild und Ihren Selbstwert? Es ist wichtig, daß Sie Ihrer Minderwertigkeit eine Absage erteilen. Neben dem Ziel, das Sie anstreben wollen, sollten Sie Ihren Selbstwert zum Positiven verändern!

Die 9 Schritte der Änderung ermöglichen, einen erwünschten Zustand bzw. ein Ziel zu erreichen und zu stabilisieren. Es gibt kleine und große Änderungen. Der Neunerzyklus des Enneagramms ist die Kontrolle darüber, wie weit eine Änderung gelungen und stabil ist. Ein Weg von 1000 Meilen beginnt mit dem ersten

Schritt. Wurde das Ziel erreicht, dann öffnet sich ein neuer Weg. Wenn also die Änderung gelungen ist oder das Ziel erreicht wurde, dann sollte man, nach gebührender Anerkennung, auch weiter zum nächsten Ziel gehen.

---

[1] vgl. Gurdjeff

[2] Beschrieben in dem Buch: Glück kann man Lernen, Ingrid und Kurt Bauer, Urania Verlag ,1993

[3] Demont Margrit, Zürich, unveröffentlichte Arbeitsunterlage zu MRA: Die Schritte des Enneagramms in MRA–Prozeß, 1994

[4] siehe: Glück kann man lernen, Verlag

[5] vgl. Gurdjeff

[6] Eine Nacherzählung. Quelle unbekannt.

[7] Der Sufi-Spruch heißt: Ehe Du zu Gott gehst, binde dem Kamel die Knie.

[8] Gemäß dem Sufi–Prinzip: Stirb, ehe du stibst! 1. Der weiße Tod: Enthaltsamkeit und Kontrolle der "Nefs-Kontrolle". 2. Der grüne Tod: Die Unabhängigkeit von Äußerlichkeiten und materiellen Dingen. 3. Der schwarze Tod: Die Befreiung von emotionalen Blockaden und der Überwindung von weltlichen Rollen. (vgl.: Die Sufis, Idries Shah, S 312; Diederichs Verlag.)

[9] siehe Kap.1, Seite

[10] vgl: Annemarie Schimmell, Mystische Dimensionen des Islam, Diederichs Verlag, 1992, S 166 ff

[11] vgl. Marie Ebner v. Eschenbachs Aussage gegen die Alkoholiker.

[12] vgl. Die Sufis, S 308 f

[13] NT, Lk 15, 11-32, aus der Einheitsübersetzung der Hl. Schrift, Verlag Kath. Bibelwerk, Stuttgart

5. Kapitel

DIE PÄDAGOGIK DES SUFI-ENNEAGRAMMS

Die Pädagogik des Sufi-Enneagramms ist der Spiegel des Lebens. Sie ist eine Pädagogik der Herausforderung: Pack's an! Tu es! Beweg Dich! Suche und finde! Diese grundlegende Herausforderung zum Leben verbindet das Sufi-Enneagramm mit einer genauen Aufgaben- bzw. Wegbeschreibung und einer genauen Analyse der Störungen des Lebensprozesses. Sie gibt Hinweise, beschönigt nicht und verweist auch darauf, daß das Leben scheitern kann. Wer jedoch die Aufgaben anpackt und diese bewältigt, der gehört zu den *beschenkten* Menschen. Die Belohnung liegt im Leben selbst.

Dazu eine Sufi-Geschichte:

"Der König der Tiere, der Löwe, hat ein Huhn gefressen, und ein kleiner abgesplitterter Knochen war ihm dabei im Hals quer steckengeblieben. Seine Begleiter waren ratlos und wußten nicht, was sie machen sollten. Der Löwe litt unter großen Schmerzen, unter Atembeschwerden und unter gelegentlichen Erstickungsanfällen. Er sandte seine Diener aus und ließ verkünden, daß er denjenigen reich beschenken werde, der ihm helfen könne und ihn von diesem unangenehmen Knochensplitter befreite.

Dankend lehnten die Tiere des Reiches ab. Niemand wollte so verrückt sein, in den Rachen des Königs zu steigen und dann fürchten zu müssen, nach getaner Arbeit gefressen zu werden. Nein, danke! Sie waren sich alle einig.

Der König wiederholte mit aller Dringlichkeit seine Bitte. Wiederum war das Echo einhellige Ablehnung: Alle hatten Angst!

Noch einmal bat der Löwe röchelnd um Hilfe und gab sein Versprechen, denjenigen, der ihn befreite, nicht zu fressen, sondern reich zu beschenken. Da hörte ein Rabe davon und überlegte sich, ob er das Wagnis, dem Löwen zu helfen, eingehen sollte. Das Versprechen, reich beschenkt zu werden, lockte ihn. Er flog also zum Löwen, der leidend auf seinem Lager lag und begann, mit ihm zu verhandeln. Der Löwe flehte schwer atmend um Hilfe. ‚Du, Rabe, kannst mir helfen, denn Du hast einen spitzen Schnabel, mit dem kannst Du den Knochen aus meinem Rachen ziehen.' ‚Welche Garantie habe ich, daß Du mich nicht frißt?' fragte ihn der Rabe. ‚Mein Wort!' keuchte der Löwe.

Der Rabe zögerte. Zwar war am Wort des Löwen nicht zu zweifeln, aber wer wußte schon so genau, was einem Löwen alles so einfallen konnte. ‚Und Du wirst mich reich beschenken, wenn ich Dich von dem Knochen befreie?' ‚Ja, ich verspreche es', sagte der König, ‚und jetzt hilf mir doch endlich!'

Also entschloß sich der Rabe, dem König der Tiere zu helfen. Die Tiere rings herum hielten den Atem an. Der Löwe sperrte das Maul weit auf. Der Rabe flog zum Löwen, steckte seinen spitzen Schnabel tief in den Rachen, erfaßte den

Knochensplitter und zog ihn heraus und floh, so schnell er konnte, auf den nächsten Baum. Dort setzte er sich auf einen Ast nieder.

‚Danke!' brummte der Löwe und atmete erleichtert auf. Der Rabe saß nun auf dem Ast des Baumes und wartete auf die versprochene Belohnung. Nach einiger Zeit erinnerte er den Löwen an sein Versprechen und dieser antwortete nur mit: ‚Warte!'

Endlich wurde es dem Raben zu bunt und er sagte: ‚König der Tiere, Du hast mir das Versprechen gegeben, daß Du mich reich belohnen würdest, wenn ich Dich von deinem Leid befreie! Hast Du das vergessen? Oder willst Du das Versprechen, das Du mir gegeben hast, nicht einhalten?'

Da antwortete der Löwe: ‚Rabe! Weder habe ich mein Versprechen vergessen, noch habe ich vor, Dich um deine Belohnung zu betrügen. Vielmehr ist es so, daß Du dein Geschenk schon erhalten hast!' Das war dem Raben zu hoch. Er saß auf dem Ast und wunderte sich darüber. Also fragte er den Löwen: ‚Worin besteht mein Geschenk Löwe?' ‚Rabe!', antwortete der Löwe, ‚du hast mich von dem Knochensplitter in meinem Rachen befreit! Damit hast Du das größte Geschenk erhalten, das möglich ist. Denn, welches Tier auf der Welt könnte von sich behaupten, je im Rachen des Löwen gewesen und daraus wieder gesund und heil hervorgegangen zu sein?'"

Wer die Herausforderungen des Lebens annimmt, auf einen *Berg* steigt und seine *Trägheit* überwindet, der wird vom *Berg* und dem *Ereignis* selber belohnt. Das *Abenteuer* wird belohnt. Der Lohn des Lebens steckt im Leben und nicht in den materiellen Dingen. Allerdings nur für denjenigen, der sich offenen Sinnes ans Leben wagt.

Wer eine Prüfung besteht, wird nicht nur durch das Erreichte belohnt, sondern durch die bestandene Prüfung selber, und wer will, der kann das einen Augenblick lang auskosten, ehe er weitergeht.

So ist der nachfolgende Teil die Antwort auf die Frage: *Was ist die Folge, wenn ich die Aufgaben, die das Leben mir stellt, löse oder nicht löse?* Die Antwort lautet sehr oft: Es gibt keine unmittelbare Folge! Aber in jedem Fall gibt es weniger Leben, weniger Wissen, weniger Lebensfreude, weniger Geld, weniger Hoffnung, weniger, weniger, weniger… Eine Spirale der Negativität findet darin Ausdruck. Das ist die einfache Beschreibung eines Absterbeprozesses und der Selbstaufgabe, an dessen Ende Menschen dann zu sagen pflegen: "Genau betrachtet, bei all der Mühe, die erforderlich ist, um dies oder jenes zu erreichen, brauche ich das ja eigentlich nicht!"

Das Sufi-Enneagramm dagegen ist eine Einladung, mit allen Sinnen zu leben und sich auf das Abenteuer *Leben und Lernen* einzulassen. In jedem der neun Symbole liegt immer eine neue Aufforderung und eine neue Herausforderung.

Mit allen Sinnen zu leben, bedeutet:

1. Mit allen Sinnen *ringen.*
2. Mit allen Sinnen *suchen und finden.*
3. Mit allen Sinnen *gestalten und handeln.*
4. Mit allen Sinnen *vertrauen.*
5. Mit allen Sinnen *nach der Wahrheit streben.*
6. Mit allen Sinnen *sich auseinandersetzen.*
7. Mit allen Sinnen *leben.*
8. Mit allen Sinnen *glauben.*
9. Mit allen Sinnen *lieben.*

Die neun Enneagramm-Symbole mit ihren Herausforderungen ans Leben erweitern den Blick für die Horizontale des Lebens. Sie erzählen von den Aufgaben des alltäglichen Lebens, die geleistet werden müssen. Die sieben Ebenen öffnen die Möglichkeit zu verstehen, daß das Leben stufenförmig nach oben führt und vom Haben, Sein und Werden menschlicher Existenz erzählt. Sie zeigen den großen Spannungsbogen und die Fülle der Möglichkeiten an Entfaltung in jedem einzelnen Enneagramm-Symbol auf.

Die sieben Ebenen werden nachfolgend dargestellt und veranschaulichen die unterschiedlichen Lern- und Lebensprinzipien. Leben entwickelt sich nicht linear, sondern im Durchwandern von Hochs und Tiefs, in der Bewältigung von Rückschritt und Fortschritt. In Anlehnung an die sieben Ebenen des menschlichen Lebens von *Al-Ghazziâlî*[1], nennen wir sie "die *sieben Täler* der menschlichen Möglichkeiten und die *sieben Berge* der Vollkommenheit".

Die Eigenart des Lernens am Sufi-Weg besteht im Wissen, daß es den Augenblick eines *Quantensprungs* in der Entwicklung gibt, der mit nur 1% "richtigen Erkennens" die 99% menschlicher Mühe und Arbeit nachhaltig beeinflussen und zum Positiven verändern kann. Arbeit ist das Sufi-Prinzip, das Veränderung und Wachstum möglich macht. Dennoch bleibt, aus der Sicht des Sufismus, Wachstum und Veränderung ein *Geschenk*, das aus ganz anderen Quellen stammt.

Für den westlichen Menschen ist es nicht einfach zu verstehen, daß das Lernergebnis im Leben nicht direkt vom Lernen abhängt, sondern vielmehr von der Absicht, der inneren Absicht und dem "Wie" des Lernens. Die einzelnen Ebenen werden zeigen, daß Lernen auf den unterschiedlichen Ebenen unterschiedliche Bedeutungen haben kann.

Wer also sein Leben über die Täler der Niederlagen und über die Berge des Erfolgs hinweg ausspannt und sich nach Sinn, Hoffnung, Frieden und Glück sehnt, dem ist das Sufi-Enneagramm ein guter Begleiter und Freund.

HABEN, SEIN UND WERDEN: DAS WESEN DER SPIRALE

Wir kehren zurück zum Symbol der Spirale[2], die all das beinhaltet, was wir für den folgenden Abschnitt benötigen. Sie geht von innen nach außen und von außen nach innen. Zieht man sie auseinander, dann wird sie dreidimensional und führt von unten nach oben, oder, je nach Standpunkt, von oben nach unten. Drückt man eine Spirale fest zusammen, dann dämpft sie den Druck und dient als Stoßdämpfer. Die Kraft der Spirale besteht in ihrer *kontrollierten* Spannung. Sie kann Spannung abfangen, kontrolliert nachgeben und Spannung in Arbeit umsetzen. Physikalisch betrachtet beinhaltet sie *potentielle* Energie, die einen äußeren Anreiz benötigt, um umgesetzt zu werden. *Ohne Spannung kein Leben.* Ist eine Spirale als Feder in einer Uhr eingebaut, so wird sie zu ihrer Antriebskraft aufgezogen.

Die Spirale bildet ein Lebensmodell, das Einblick in die Abfolge menschlichen Lernens und das "curriculum vitae" gibt. Dem möglichen Lebensverlauf gleichend, schraubt sie sich wie eine Wendeltreppe – von unten betrachtet – nach oben, von einer Ebene der menschlichen Entfaltung zur nächsten. Sieben dieser Ebenen sind hier beschrieben. Sie bilden wesentliche Ebenen des Wachsens und Werdens, die weitere ermöglichen. Die höchsten Ebenen, die sich unserem Verständnis entziehen, tragen Namen wie *Himmel oder Paradies*. Dennoch ist das Leben heute entscheidend dafür, wer sie *morgen* erreichen kann.

Sieben Ebenen menschlicher Entwicklung

Vieles von dem, was an Lerngut in die sieben Ebenen zerlegt wurde, geht im praktischen Alltag ineinander über und wird dort nicht unterschieden. Dieses pädagogische Modell will aufzeigen, daß die Ebenen menschlicher Entwicklung gelernt werden müssen und folglich dieser oder jener Ebene zuzurechnen sind, wenn kein "Loch" in der Existenz entstehen sollte. Es sagt nicht aus, wann sie gelernt werden sollen. Denn das Leben hat bestimmte Zeiten festgelegt, in denen "nachgelernt" werden kann und Chancen, die versäumt wurden, neu angeboten werden. Dazu zählen Unfälle, Krankheiten und Krisen.

Am Sufi-Weg geht es darum, Lebensprozesse in eine bestimmte Ordnung zu bringen, sie zu erden und Lebensaufgaben zu lösen. Spiritualität ist im Sufismus keine Weltflucht.

Die Ebenen 1 bis 7 sind nicht in sich abgeschlossen, sondern haben fließende Übergänge und bauen aufeinander auf. Das schon Gelernte wird auf die nächste Ebene mitgenommen, erweitert, in neue, andere Zusammenhänge gebracht und und mit neuen Qualitäten versehen. Radfahren, das einmal gelernt wurde, kann man auch auf Ebene 7 immer noch. Es erfährt insofern eine *qualitative* Änderung auf der siebten Ebene, weil hier etwas anderes in den Vordergrund tritt.

Auf der ersten Ebene wird das Lernen mehr von materiellen und quantitativen Motivationen bestimmt; das Haben ist im Vordergrund. Die Inhalte des Lernens auf dieser Ebene orientieren sich an gesellschaftlichen oder kulturellen Gegebenheiten und dienen unter anderem dazu, das Image aufzupolieren. Je weiter man nun nach oben strebt, desto mehr entwickelt sich das Leben zu qualitativen Bereichen hin.

Es kann nur eingeschränkt vorausgesagt werden, wer welche Ebenen erreicht, denn es existiert dafür keine Norm, sondern nur eine Arbeitsaufforderung. Niemand ist ein schlechter oder moralisch verwerflicher Mensch, der die eine oder andere Ebene nicht erreicht. Wahrscheinlich hat in grundsätzlichen Teilen jeder Mensch die Möglichkeit der vollen Entfaltung, jedoch ist es auch ein Sufi-Prinzip, daß nicht jeder Mensch dasselbe Ausmaß an "Talenten" mitbekommen hat. Nur folgende Aufforderung ist möglich: "Werde, der Du bist, im Maße deiner Möglichkeiten."[3].

Die sieben Ebenen sind:

1. Die Ebene der Erfahrungen und des Lernens.
2. Die Ebene der Personwerdung.
3. Die Ebene des Daseins und der Arbeit.
4. Die Ebene des geschenkten Seins.
5. Die Ebene des neuen Sehens.
6. Die Ebene des Herzens.
7. Die Ebene der wahren Werte.

Wie die Symbolebenen zueinander stehen, veranschaulicht die nebenstehende Grafik anhand dreier Ebenen.müssen, Dabei ist zu beachten, daß der Punkt in der Mitte oben meint, daß:

1. Die Wahl des richtigen Bezugspunktes entscheidend ist für das Wagnis des Lebens ist. Er ist der Anker für das Boot des Lebens.

2. Der qualitative Inhalt des Lebens bestimmt sein äußeres Wachstum.

3. Symbole befördert Wissen, das erst in das Leben gebracht werden muß, um zugänglich zu sein. Dieses Wissen bestimmt den Grad an Lebenserfahrung und ist so an den Alltag gekoppelt: Richtiges Wissen – leben – erfahren wird später dann zu geprüfter Lebenserfahrung. Im Sufismus wird also nicht aus der Erfahrung Wissen abgeleitet, sondern im Gegenteil, aus dem Wissen die Erfahrung gewonnen.

Symbole befördern Wissen

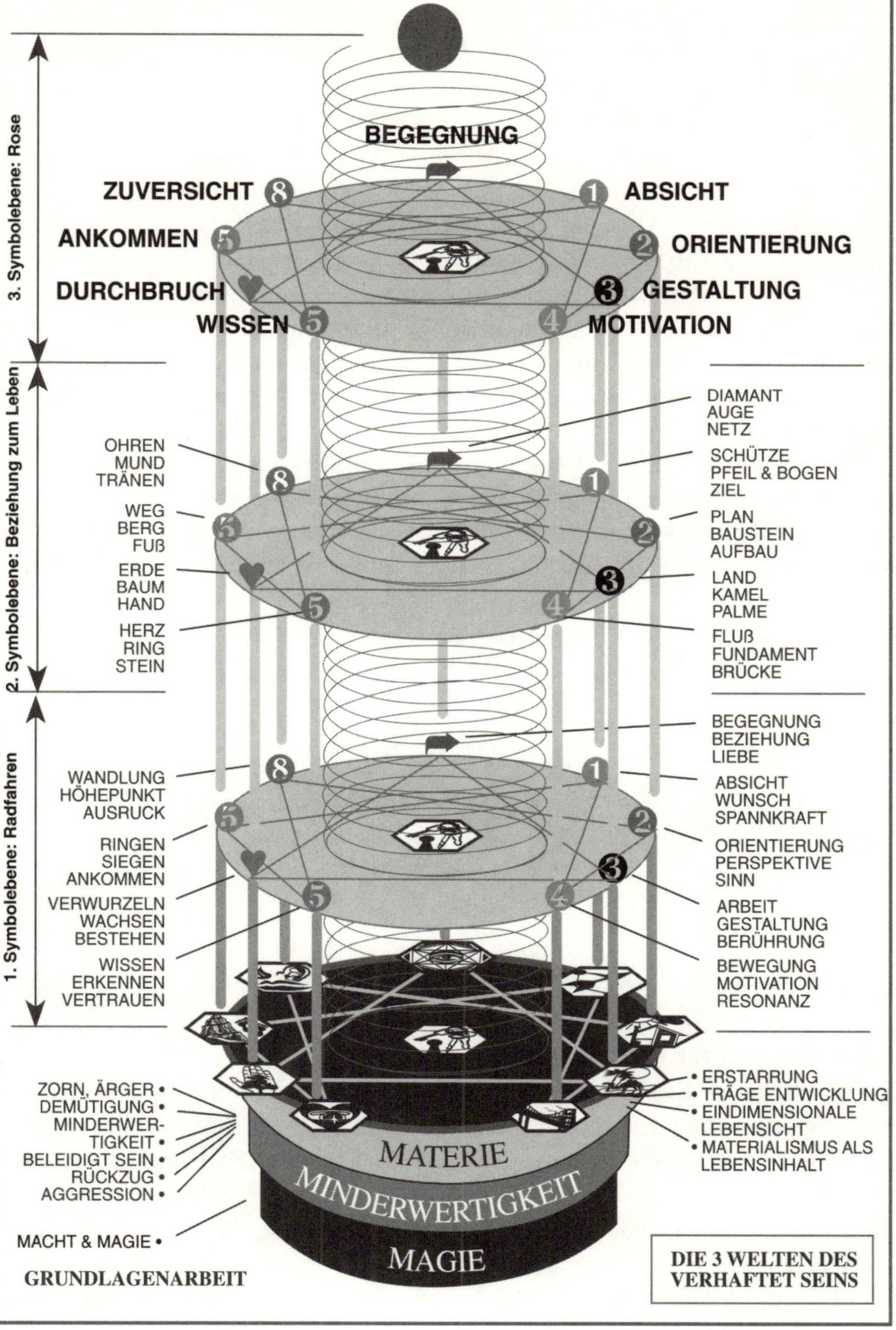

1. DIE EBENE DER ERFAHRUNGEN UND DES LERNENS.

Auf der ersten Ebene geht es am Beispiel des Radfahrens darum, die Grundlagen des Lebens zu erarbeiten. Alles, was hier gelernt oder nicht gelernt wird, beeinflußt das weitere Leben. Es geht um Grundfähigkeiten, Grundfertigkeiten, um Wissen, Denk- und Handlungsvermögen. All das entscheidet den Bereich: Lebensmut contra Angst!

Es ist ein Sufi-Prinzip, daß das Lernen an einer (oder mehreren) Aufgaben stattfindet. Die Aufgabe bestimmt das *Lernfeld* und den *Schwierigkeitsgrad*. Es entwickelt sich vom Einfachen zum Komplexen, vom Leichten zum Schweren und vom Sichtbaren zum Unsichtbaren. Das Lernprinzip im Lernen heißt: "Man lernt *Radfahren* durch *Radfahren* und *Schwimmen* durch *Schwimmen*." "Mit allen Sinnen lernen", heißt, daß es notwendig ist, sich *ganz* auf das Lernen einzulassen.

Die Erkenntnis in dieser Ebene liegt darin, daß alles vergänglich ist. Die Frage an jeden persönlich ist, ob ihm/ihr das reicht. Hier scheiden sich die Geister: Die einen fangen an, zu suchen und zu prüfen, ob das eine aussichtslose Frage ist oder es dafür eine Lösung gibt, und die anderen "sterben" auf der Ebene des Materiellen.

Die Lernfelder des "Radfahren-Lernens" sind:

a) Fähigkeiten entfalten: Ausdauer und Zähigkeit, Durchsetzungsvermögen, Selbstüberwindung, Charakterbildung, Vorbilder lernen, persönlicher Mut.

b) Fertigkeiten und Können entwickeln: Mit dem Rad umgehen und es beherrschen können, Bremsen, lenken, auf- und absteigen, fahren und Gleichgewicht halten,Was mache ich, wenn die Lösung meines Probleme nicht leicht erreichbar ist?

c) Lebensqualitäten erfahren: Gefühl der Freiheit, Schnelligkeit und Mobilität, Freude und Genuß, Naturerlebnis, Gruppenerlebnis, nur Fliegen ist schöner...

d) Denken und Erfahrung: Wie verhält sich das Rad, wenn...? Wie verhalte ich mich in verschiedenen Situationen? Wie reagiere ich auf Gefahr? Kann ich mich bewähren oder gebe ich auf?

Auf dieser Ebene muß die Unterscheidung zweier verschiedener Wissensarten gemacht werden :

1. Wissen als *Information* und als *Ergebnis* schulischer Lernvorgänge oder anderer Bildungsgänge. Dieses Wissen ist über Bücher und Studiengänge erreichbar.

2. Wissen, das durch *Erfahrung* erworben wird. Dieses Wissen benötigt einen wesentlich höheren persönlichen Einsatz des Lernenden und braucht viel mehr Zeit. Erfahrungswissen ist im menschlichen Leben um ein Vielfaches stärker. Ein Mensch, der sein Leben im Erfahrungswissen verankern kann, ist kaum zu erschüttern. Diese Erfahrung geht mit Wissen Hand in Hand. Der Sufi-Weg gibt Menschen überprüfbare Prinzipien an die Hand, nach denen das Leben ausgerichtet werden kann.

Es zeigt sich, daß zwar alle Menschen ihre Erfahrungen machen, dennoch lernen nur die wenigsten daraus. Emotionen sind zunächst stärker als Denken. Es bedarf großer Anstrengungen, um mit Hilfe folgerichtigen Denkens die Ängste und Emotionen seines Lebens zu bewältigen.

Diese Art der Erfahrung ist hier nicht gemeint: Im Sufismus geht es um ein Wissen, das zur Erfahrung führt und dann zur Erkenntnis. Und diese Erkenntnis bestätigt das *wirkliche* Wissen.

Der Lernprozeß *Radfahren* führt zu Wissen. Dieses Wissen beinhaltet strukturelle Grundlagen des Lebens, die durch Eigenerfahrungen gelernt wurden. Radfahren wird durch Radfahren gelernt und durch kognitive Informationen ergänzt. Es wird außerdem intuitiv gelernt, zum Teil durch Beobachten und vor allem durch Üben. All diese Dinge sind Grundhaltungen, die für das ganze Leben notwendig sind und später auf andere Ebenen übertragen werden. Radfahren steht als Modell für "leben lernen".

Was im einzelnen *für das Leben gelernt wird*, stellt der nachfolgende Enneagramm-Regelkreis dar.

Der Enneagramm-Regelkreis des Radfahrens auf der ersten Ebene

1. Absicht/Wunsch: *Ich habe einen Wunsch und will ihn (mir) erfüllen.* Ein Kind sieht, wie andere Kinder radfahren, und will wie die anderen Kinder radfahren können. Der *Wunsch,* radfahren zu können, wächst in ihm! Mit Blick auf die Sieben sieht es den Zustand bei anderen Kindern, die radfahren können, schon verwirklicht. Mit Blick auf die Vier erkennt es (auch an anderen Kindern), daß es erstrebenswert ist, radfahren zu können. Es spürt die Lust und Freude. Es will unbedingt radfahren lernen. Noch hat es keine Ahnung von den Hürden, die es überwinden muß, und es hat auch kein Interesse daran.

2. Orientierung/Perspektive: *Ich beginne, mich zu orientieren, wie ich den Wunsch umsetzen kann.* Um die *Idee* zu realisieren, braucht das Kind ein Fahrrad. Es beginnt sich umzusehen, wie es zu einem Rad kommen kann. Es braucht ein eigenes und versucht, es sich zu organisieren. Mit Blick auf die Acht träumt es seinen "Fahrradtraum" und malt sich innerlich aus, was es alles damit unternehmen wird. Dieser Schritt prüft seinen Durchhaltewillen und sein Durchsetzungsvermögen. Bis jetzt hat es ja nur einen "Herzenswunsch", der aber jetzt in sein persönliches Leben gebracht werden muß, sonst endet sein Wunsch hier.

3. Gestaltung/Lernweg: *Ich lerne Lösungsmöglichkeiten kennen.* Das Kind hat ein *Rad* erhalten und nimmt damit Kontakt auf: Form, Farbe, Bremsen, Rücktritt werden begutachtet. Stolz zeigt es sein Fahrrad den Freunden. Es beginnt, alleine oder mit anderen damit zu experimentieren, und lernt damit umzugehen. Es lernt die Bedingungen der Straße und Wege kennen und sich über das Verhalten im Straßenverkehr zu informieren. Selbst mit der Unterstützung des Vaters oder eines Freundes benötigt es Zähigkeit und Durchhaltevermögen. Es lernt, herunterzufallen und wieder aufzusteigen.

4. Bewegung/Resonanz: *Ich löse mich von Dingen, die mich behindern.* Im engen Kontakt mit dem Fahrrad und der Umgebung erlebt das Kind "Freud und Leid" und so manche emotionale Herausforderung. Aber beseelt vom Blick auf die Eins und damit die Erinnerung an sein Ziel, nämlich radfahren zu können, überwindet es seine großen und kleinen Frustrationen und steigt, nach jeder Schwierigkeit, wieder auf. Das Motiv, so fahren zu können wie die anderen Kinder, läßt es alle Widerstände überwinden. Jetzt hat es die schwierigste Zeit vor sich: Es muß üben und die Durststrecke überwinden!

5. Erfahrungswissen: *Ich verändere Verhaltensweisen und Einstellungen.* Im lebendigen Lernprozeß mit dem Fahrrad erwirbt das Kind Erfahrungswissen, und zwar *was* in *welchen* Situationen erforderlich ist. Immer wieder üben! Eines ist jetzt klar: Aufgegeben wird hier nicht mehr. Das Kind hat die Durststrecke des Übens mit den Enttäuschungen und den blauen Flecken hinter sich gelassen. Der Tag, an dem es alleine fahren kann, ist in Sicht!

6. Lösung der Aufgabe/fertig werden: *Ich bestehe in der Herausforderung.* Das Kind ist mit allen Schwierigkeiten fertig geworden und erlebt nun zum ersten Mal, wie aufregend es ist, allein zu fahren. Es hat sich von allen hilfreichen Händen gelöst und "balanciert" mit Geschick. Es erlebt ein Gefühl von Freiheit und Angst, von Unsicherheit und der Ungewißheit, ob diese Erfahrung trägt. Der Anfang einer neuen Lebenserfahrung ist geboren, und es kostet sie aus.

7. Das Ziel erreichen: *Ich bin (begründet) erfolgreich und freue mich.* Das Ziel ist erreicht, und die Prüfung wurde bestanden. Das Kind *kann* radfahren. Es ist glücklich und stolz. Die Freunde und die Eltern freuen sich mit ihm. Mit dem Blick auf die Eins sieht es, daß es sich seinen sehnlichsten Wunsch erfüllt hat. Es wächst innerlich und äußerlich und ist offen für Neues. Es erfährt Selbstvertrauen und Anerkennung.

8. Lebensfreude/Wachstum: *Ich erlebe Wachstum und Selbstbewußtsein.*

Üben wird Ausdruck des spielerischen Lebens und zu einer Erfahrung, die bereichert und die Grenzen sprengt. Ein Gefühl der Freude und Genugtuung begleitet das Radfahren. Der Le bensraum des Kindes erweitert sich. Mit Blick auf die Zwei bestätigt sich das Kind, daß der Lernprozeß sein Leben positiv verändert hat und daß sich das Lernen lohnt.

9. Begegnung und neue Erfahrung: Ich begegne der Welt angstfreier und öffne mich. Mit Hilfe des Rades werden bestehende Grenzen durchbrochen. Wer hätte noch vor kurzer Zeit an diese Bewegungsmöglichkeiten gedacht? Distanzen werden kürzer, neue Erlebnisse möglich, und das erste Mal wird Geschwindigkeit erfahren. Die innere und äußere Erfahrungswelt wird verändert; eine neue Lebensqualität tut sich auf.

Auf den nächsten Ebenen wird das Lebensmodell "Radfahren" zur Quelle von neuen Begegnungen und Beziehungen werden. Es öffnet Abenteuer und kann das Leben hundertfach bereichern.

Zusammenfassung:

Neben all den Verhaltensweisen, die im Prozeß des *Radfahren-Lernens* für das Leben gewonnen werden, hat das Symbol des *Radfahrens* auch eine *charakterliche* Bedeutung. Es ist der Schlüssel zur doppelten Moral: *Nach oben buckeln und nach unten treten!*

2. DIE EBENE DER PERSONWERDUNG

Auf der zweiten Ebene geht es am exemplarischen Beispiel des Berges um Ich-Bildung, Selbstfindung und Beziehungsbildung. Ein Ich braucht ein Du, und das Bindeglied dazwischen heißt Beziehung. Ein Ich kann an einem Objekt (Berg) reifen. Ich-Werdung findet immer am Du statt. Es ist ein anderer, der mir sagt, wer ich bin. Das Kind erhält sein Selbstbewußtsein in ganz früher Kindheit von den Eltern vermittelt. Sie teilen dem Kind durch ihre Zu- oder Abwendung mit, was es für sie (die Eltern) bedeutet und wie wichtig und wertvoll es ist. Hier wird in tiefster Seele Bedeutung oder Bedeutungslosigkeit des Menschen eingeprägt und der Grundstein für den späteren Kampf um das eigene Selbstbewußtsein im Leben gelegt.

Erst viel später kann ich daran gehen, meinen eigenen Wert zu bestimmen, das eigene Selbstbewußtsein zu entwickeln und die Frage ins Auge zu fassen: Wer bin ich?

1. Zu jedem Zeitpunkt des Lebens ist die Wahl des richtigen Du wesentlich für die *Ich-Werdung*! Es ist ein Sufi-Prinzip, daß der Inhalt des Lebens, wobei das Du ein wesentlicher Inhalt ist, äußeres Wachstum und innere Erfüllung bestimmt. Die Ich-Werdung öffnet die Frage nach dem Du und damit die Frage nach der Wahl der richtigen Bezugspersonen. Wenn wir am Du zum Ich werden, dann ist das Du für uns wie der Anker für das Boot: Wenn es groß genug ist, hält er auch den Stürmen stand.

2. Das Bindeglied zwischen dem Ich und dem Du heißt Zuwendung und ist unlösbar mit der Frage nach gelungenen Beziehungen verbunden. Wem ich mich zuwende, wird wesentlich von Glück, Erfüllung und Erfolg im Leben bestimmt.

3. An entsprechenden Aufgaben, die ich übernehme und löse, werde ich zu dem, der ich bin. Hier ist Balance erforderlich. Sind die Aufgaben zu groß, dann überfordern sie, und sind sie zu klein, dann unterfordern sie.

Der Enneagramm-Regelkreis des Bergsteigens auf der zweiten Ebene

1. Absicht/Ziel: *Ich will einen Berg besteigen und nehme die Herausforderung an.* Der *Berg* stellt eine Herausforderung in meinem Leben dar, die ich bestehen will. Mit Blick auf die Sieben spüre ich, daß es für mich einen Wert darstellt, den Berg zu besteigen, und mit Blick auf die Vier spüre ich die unterschiedlichen Emotionen, die die Besteigung auslöst.

2. *Orientierung/Vision:* *Ich beginne, mich zu orientieren, wie ich das Ziel erreichen kann.* Ich beginne, die *Voraussetzungen* zu schaffen, die das Abenteuer ermöglichen. Ich glaube, daß ich es schaffen kann. Dazu gehört das Sammeln von Informationen über den Berg und die möglichen Wege hinauf wie auch das Beschaffen der nötigen Ausrüstung. Die *Vision* nimmt mehr und mehr Gestalt an. Ich weiß jetzt, wie ich es angehen muß!

3. *Gestaltung/Training:* *Ich trainiere, um die nötige Kraft und Geschicklichkeit zu haben.* Ich beginne mit einem Konditionstraining und mache leichte Aufbauübungen, die ich stetig steigere. Möglicherweise gehe ich in eine Bergsteigerschule, um mir die nötigen Voraussetzungen zu erarbeiten. Ich erkenne die Gefahren und kann sie nun besser abschätzen. Es ist möglich, daß das Unternehmen für mich alleine zu gefährlich ist und ich mich überfordere. Also suche ich einen Partner, der mit mir das Abenteuer teilt.

4. *Bewegung/Resonanz:* Ich überwinde die inneren Hemmungen, die mich behindern. Zweifel kommen auf und Widerstände machen sich breit. Ob das wirklich eine so gute Idee ist? Der Blick zurück auf die Eins erinnert mich an mein selbstgewähltes Ziel, und ich erneuere meine Entscheidung, den Berg zu besteigen. Ich rede mit meinem Partner darüber, und er ermutigt mich. Widerstände werden verworfen, und Risiken werden abgeschätzt. Das Training geht weiter. Schließlich kann es nur derjenige wissen, der das Risiko eingeht.

5. *Erfahrungswissen:* *Ich entwickle reale Verhaltensweisen und Einstellungen.* Im lebendigen Lernprozeß mit dem Berg habe ich nun neue Einstellungen zum Berg und neue Verhaltensweisen gewonnen. Ich kann das Wagnis genau abschätzen. Die Vorbereitungen sind abgeschlossen. Ich kenne den Berg, obwohl ich ihn noch nie bestiegen habe. Er ist mir durch die Auseinandersetzung mit ihm vertraut geworden; ich habe Mut und Zuversicht gewonnen. In den nächsten Tagen ist es soweit.

6. *Lösung der Aufgabe/fertig werden:* Ich bestehe in der Herausforderung. Ich besteige den Berg. Der Weg entfaltet sich Schritt für Schritt. Der Berg fordert mich! Mit Hilfe meines Bergfreundes meistere ich alle Schwierigkeiten. Höhen und Tiefen sind darunter bis hin zum Aufgebenwollen. Ich mache die Erfahrung der Selbstüberwindung und schließlich des Siegens.

7. Das Ziel erreichen: *Ich bin (begründet) erfolgreich und freue mich.* Das Ziel ist erreicht, und wir sind oben. Wir sitzen glücklich und zufrieden vor der Hütte und genießen die Aussicht von oben in das Tal. Ja, ich habe mein Ziel erreicht, und das erfüllt mich mit Freude. Das ist für mich die schönste Bestätigung meiner Anstrengungen. Mein Freund gratuliert mir und ich ihm.

8. Lebensfreude/Wachstum: *Ich erlebe Wachstum und Selbstbewußtsein.* Was auf der Zwei noch kaum zu glauben war, das erfährt hier seine volle Bestätigung. Mein Gott, habe ich mich da gefürchtet! Aber wenn dieser Berg zu schaffen war, warum sollte ich dann den nächsten nicht auch noch besteigen können? Es bereitet mir Genugtuung, daran zu denken, welche Möglichkeiten noch vor mir liegen!

9. Begegnung und neue Erfahrung: *Ich begegne der Welt angstfreier und öffne mich.* Wie konnte ich nur so kleingläubig sein? Ich kann es nicht mehr verstehen, wieso ich mir das kaum zugetraut habe. So viele Menschen besteigen die Berge, warum habe ich an mir gezweifelt? Dieser Berg beschenkt mich mit Glück und Lebensfreude. Auf zum nächsten! Ich werde dieses Mal noch einige Freunde mitnehmen, damit sie das auch erleben können.

Zusammenfassung:

Am Beispiel Berg wird gezeigt, daß der Weg auf den Berg die Begründung von Selbstvertrauen beinhaltet, das durch Ringen, Lernen und Bewältigen entsteht. Das Sufi-Prinzip, das auf der zweiten Ebene seine Gültigkeit hat, sagt, daß *Vertrauen* die tiefste Kraft für Veränderung ist. Es stellt eine unzerstörbare *emotionale* Lebenskraft dar, die durch Entscheidungen immer und überall zu neuem Leben gelangen kann. Vertrauen beinhaltet die Basis für gute, lang anhaltende und liebevolle Beziehungen zu Menschen und zur Welt. *Ich vertraue dir!* Dies ist ein großes Geschenk. Gebrochenes Vertrauen ist aber gleichermaßen die Quelle großer Schmerzen und lebenslanger Verwundungen. Vertrauen ist also ein Risiko.

Wo kein Vertrauen vorhanden ist, treten Kontrolle, Berechnung und Bedingungen an seine Stelle. Die Folgen sind "Wenn-dann-Beziehungen", die zu Krisen neigen. *Beziehung ist Leben!* Das Leben ist ein Netzwerk von Beziehungen, die unterschiedlich sind in Qualität, Intimität und Dauerhaftigkeit. Beziehungen zu schließen und zu lösen, ist eine wichtige Lernerfahrung.

Um Glück erfahren zu können, braucht der Mensch zumindest *eine* wirklich gute Beziehung.

Die Grundfähigkeiten, die auf dieser Ebene gewonnen werden können, sind:
1. Vertrauen ohne Bedingungen;
2. entscheidungsfähig sein;
3. die Fähigkeit, Verträge zu schließen und einzuhalten.

Basierend auf diesen 3 Säulen der Zuverlässigkeit entwickeln sich positive Emotionen, Sicherheit und Geborgenheit.

3. DIE EBENE DES DASEINS UND DER ARBEIT

Auf der dritten Ebene geht es um den Menschen, der seinen Einklang zwischen Herz, Hirn und Hand sucht und innen und außen in Balance bringen will. Neun Existenzfelder zeigen Aufgaben, deren Lösung wesentlich zu Glück und Lebensfreude beitragen.

Der Mensch ist ein dreidimensionales Wesen: Körper, Geist, Seele; ebenso denken, fühlen und tun. Diese Dreiheit muß miteinander in Einklang gebracht werden. Geschieht das nicht, dann leidet der Mensch unter innerer und äußerer Zerrissenheit.

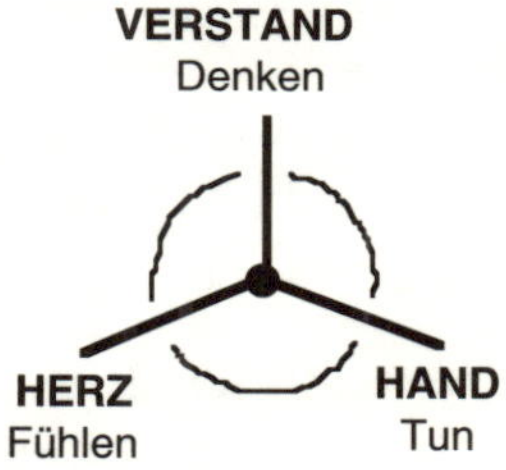

Findet keine Lösung statt, dann führt das zu einer inneren Verarmung und Herzlosigkeit. Ersatz tritt an die Stelle. Mehr Reiz, mehr Arbeit, mehr Ablenkung – weniger Leben. Wenn die Mitte des Lebens verlorengeht, dann werden die Zentrifugalkräfte der Außenorientierung stark. Leben wird mühsam und unbefriedigend. Störungen rufen zur Wachsamkeit.

Der Enneagramm–Regelkreis mit seinen Prinzipien auf der dritten Ebene

1. Lebensabsicht/Lebenswille: *Ich gebe dem Leben mein volles Ja.* Das Leben ist zwischen den Polen Geburt und Tod ausgespannt. Dazwischen stellen sich immer wieder die Fragen: "Was will ich?" "Womit fülle oder erfülle ich die mir gegebene Zeit?" Ein Haus zu bauen ist das eine, es mit Leben zu füllen etwas anderes. Ich kann aktiv oder passiv sein, konsumieren und/oder gestalten.

2. Lebensperspektive/Zukunft: *Eine Vision finden, an sie glauben und sie umsetzen.* Das Leben hat Form und Inhalt, Materie und Geist, Körper und Seele. Zwei Häuser müssen gebaut und gestaltet werden: ein materielles und ein geistiges. Die Bausteine des Geistigen sind Beziehung, Liebe, Wissen, Vertrauen u.a. Das Wagnis "Leben" muß gestaltet werden; es bedarf eines Lebensplanes und einer weitsichtigen Planung.

3. Lebensaufgabe/Lebensinhalte: *Arbeit ist die praktische Antwort auf die Aufgabe.* Die Aufgabe zu machen oder zu erfüllen, ist ein weiteres Prinzip. Es entscheidet, ob das Leben in Mechanik erstarrt oder mit reichem Wachstum erfüllt wird. Es gibt keine Garantie, daß das Leben gelingt. Leben ist nicht eindimensional zu begreifen. Der Inhalt ist "lebendig sein". Das bedeutet, mit allen Sinnen zu suchen, zu lernen und zu arbeiten.

4. Lebensfluß/Mitgefühl: *Aufgeben, Loslassen und Zulassen sind Erlösungsqualitäten.* Das größte Motiv im Leben ist die Lust. Diese Lust, oder auch Unlust, muß in Mitgefühl zu sich selber und zu anderen Menschen transformiert werden. Mitgefühl ist die Befreiung aus Starre und Schmerz. Das erstarrte Korsett der Minderwertigkeit mit seinen zwanghaften Wiederholungen kann nur dadurch aufgelöst werden. Mitgefühl ist die Brücke und die Motivation, sich für das eigene Leben und das anderer einzusetzen.

5. Öffnung des Herzens: *Sinn, Hoffnung und Liebe sind die Mitte des Lebens.* "Was bin ich (mir) wert?" Die Suche nach sich selbst beinhaltet die Suche nach lebenswerten Werten und Einstellungen. Die Öffnung des Herzens basiert auf Werten wie Liebe, Vertrauen, Geborgenheit. Sie ist die Suche nach Sinn und der Mitte des Lebens. Die Lebensquelle ist an Wahrheit und Lebensmut gebunden. Der Kontrapunkt ist Minderwertigkeit, die überwunden werden muß.

6. Lebensmut und Lebensziel: *Risikofreude lohnt sich.* Den Wagemutigen gehört die Welt. Wer schwimmen will, der darf die Berührung mit dem Wasser nicht scheuen. Wer bestehen und Selbstvertrauen entwickeln will, darf Prüfungen nicht meiden. Bestandene Prüfungen sind die Grundlage gelungener Bewältigung von Lebensangst.

7. ***Wertschätzung des Lebens:*** *Eine Aufgabe zu erfüllen, erfüllt das Leben.* Das Erreichen eines Zieles bedeutet die Erfüllung einer Aufgabe. Erfüllte Aufgaben erfüllen Leben. Lebenserfüllung ist das innere Ziel des Lebens. Es ist der Zustand des Siegens nach dem Ringen. Zeugnisse bestätigen, daß man mit einer Aufgabe fertig geworden ist; Selbstwert wird dadurch erhöht.

8. Lebensfreude/Wachstum: *Leben in Fülle ist ein Geschenk.* Das Leben ist ein Geschenk. Lebensfreude und Dankbarkeit sind die Flügel zur gelungenen Lebensbewältigung. Die Annahme des Lebens und seiner selbst ist die Quelle zum persönlichen Glück, zu lebendigem Erfolg und zur eigenen Zufriedenheit. Ärger kann aufgegeben werden.

9. Vermehrung von Lebensqualität: *Das Leben reagiert auf mich und ich reagiere auf das Leben.* Sich auf das Leben einzulassen, vermehrt die Lebensqualität. Das Leben wurde zum Abenteuer. Reichtum ist der natürliche Zustand. Lachen und weinen, spielen, Freude und Überraschungen sind sein Ausdruck. Gelungene Kommunikation und reiche Beziehung wachsen daraus hervor.

***Zusammenfassung**:*

Erfüllung finden kann nur derjenige, der keinerlei verdeckte Lösungen im Leben anstrebt oder nicht nach dem Satz lebt: "Ja, aber, oder wenn ich eines Tages…, dann…"

Es ist Sufi-Prinzip, daß nur derjenige Wesentliches finden kann, der aus ganzem Herzen sucht und sich mit vollem Risiko auf das Leben einläßt. Die Basis des Glaubens ist das Vertrauen der zweiten Ebene, das hier weitergeführt wird. Ja, ich vertraue dem Leben immer mehr, damit dieses Vertrauen eines Tages zu Erfahrungswissen wird. Im Fluß des Lebens wird dann jede Enttäuschung aufgelöst werden.

Die 3 Grundsätze dieser Ebene sind:

1. Sich auf das Leben einlassen.
2. Risikobereit sein.
3. Vertrauen üben.

4. DIE EBENE DES GESCHENKTEN SEINS

Auf der vierten Ebene ändern sich die Wachstumsprinzipien. Es beginnt der Prozeß der “Ich-Aufgabe“. Das Loslassen des Eigenwillens ist zugunsten einer größeren Wirklichkeit und ein Geschenk des Lebens. Das Sufi-Prinzip läßt sich am besten mit der biblischen Aussage zeigen: “Ich muß abnehmen, damit jener (Jesus) zunehmen kann.“[4] Dieser Prozeß kehrt alles bisherige um und sprengt menschliche Maße und Erfahrbarkeit. Als Symbol dient hier der *Baum*. Dieser Prozeß löst Ängste und Befürchtungen aus. Das Enneagramm zeigt, daß dieser Prozeß weder zum Verlust der Individualität noch der Persönlichkeit führt. Ein Apfelbaum bleibt schließlich immer ein Apfelbaum. Anders ausgedrückt: Ich kann immer nur der werden, der ich bin. Diese Ebene spricht Hingabe und Loslassen von Ängsten an. Eine gute Bindung ist hier der Gewinn.

Der Enneagramm-Regelkreis mit dem Lebensbaum auf der vierten Ebene

---

1. Absicht/Wunsch: *Ich bin ins Dasein gerufen.* Der im Apfelbaum eingeschriebene Wunsch, *Apfelbaum zu sein*, sprengt die Reflektierbarkeit. Er ist einverstanden, der zu sein, der er ist. Seine Aufgabe ist, zu sein und Früchte zu bringen. Zum Teil ist er dadurch für andere da und damit einverstanden.

2. Orientierung/Perspektive: *Ich bin wie ich bin.* Die *Idee* Apfelbaum wurde von der Natur vorgegeben. Damit liegt fest, daß ein Apfelbaum unverwechselbar ist und sich damit von anderen *Baumideen* wesentlich unterscheidet. Ein Apfelbaum hat kein Interesse daran, den Standort oder den Boden zu wechseln, sondern *verwurzelt* sich da, wo er in der Erde steht.

3. Gestaltung und Wachstum: *Ich wachse dem Licht entgegen.* Das Wachstum des Apfelbaumes wird durch Licht, Luft, Sonne, Regen und von der Qualität des Bodens bestimmt. Im Rhythmus der Jahreszeiten wächst er im Einklang mit der Natur. Licht und Wärme lösen in ihm den Drang nach Wachstum aus.

4. Bewegung/Resonanz: *Ich wachse im Einklang mit der Natur.* Im Einklang mit den in ihm eingeschriebenen Naturgesetzen wächst er seiner Reife entgegen. Er spendet denen Schatten, die das wollen, und schenkt eines Tages jenen seine Äpfel, die ihn erreichen. Er kennt weder Widerstand noch Eigenwillen oder Rebellion.

*5. **Erfahrungswissen:*** *Ich lasse zu, ich lasse los.* Der Apfelbaum unterliegt dem jahreszeitlichen Rhythmus und ist ihm unterworfen. Einmal eingewurzelt, behält er seinen Standpunkt bei. Wenn er einen guten Gärtner hat, dann kann er ihm helfen, manche Dinge leichter zu ertragen. Wird der Apfelbaum geliebt, dann ist er in der Lage, *für jemanden* seine Äpfel reifen zu lassen.

*6. **Lösung der Aufgabe/fertig werden:*** *Ich bin in Harmonie.* In Harmonie mit den Jahreszeiten durchläuft der Apfelbaum seinen Lebenszyklus mit dem Austreiben, der Befruchtung, dem Wachsen, dem Reifen bis zur Ernte seiner Früchte und dem Rückzug in sich selber. Jahr für Jahr spendet er Schatten und gibt Äpfel. Mit seinen Kernen spendet er neues Leben, bis der Augenblick seines Todes kommt, den er ohne Widerstand annimmt.

*7. **Das Ziel erreichen:*** *Ich bin für dich da.* Das Lebensziel des Apfelbaumes ist einfach: Äpfel produzieren. Er hat keinen Einfluß darauf, wer sie pflückt und ißt. Seine Früchte fallen von alleine zu Boden. Er ist damit Ausdruck der verschwenderischen Fülle der Natur, die für uns Menschen sorgt. Werden die Äpfel nicht vom Baum gepflückt und gegessen, sind sie Samen für neues Leben.

*8. **Lebensfreude/Wachstum:*** *In Einklang mit sich selber kommen.* Der Apfelbaum braucht das Leben nicht zu üben, denn es ist in geheimnisvoller Weise in ihm eingeschrieben. Er gibt damit Auskunft an alle, die wissen wollen, daß *alle* ein Teil der Natur sind. Vielleicht ermöglicht der Apfelbaum die Erinnerung, daß es wichtig ist, nach innen zu hören und leichter loszulassen.

*9. **Begegnung:*** *Ich freue mich über das Leben.* Als Martin Luther gefragt wurde, was er machen würde, wenn er morgen sterben müßte, sagte er: "Dann würde ich noch heute einen Apfelbaum pflanzen!" So steht uns Menschen der Apfelbaum als ein Symbol der Lebensfreude und der Hoffnung zur Verfügung.

Zusammenfassung:

Der Apfelbaum ist ein Symbol des *widerstandslosen Lebens.* Ein Apfelbaum steht nicht im Widerstand gegen das Leben und hat keinen Eigenwillen. Er ist durchlässig für das, was im Augenblick ist. Ein Apfel spricht mit seiner Form, Farbe und dem herrlichen Geschmack alle Sinne an. Ein Apfel ist sinnlich und schmeckt herzhaft. Leben schmeckt herzhaft und braucht Sinnesreize, Abenteuer und Erlebnisse. Leben beinhaltet eine Fülle von Möglichkeiten, und es ist auf unserer Seite. Wir brauchen weder um noch gegen das Leben zu kämpfen. Es ist uns, wie die Äpfel, geschenkt.

5. DIE EBENE DES NEUEN SEHENS

Auf der fünften Ebene beginnt das neue Sehen: das Sehen der Wirklichkeit. Als Symbol dafür steht die Rose. Sie vereint die Beziehungsqualität mit Sinnlichkeit und mit dem Ausdruck für Liebe. Der Vorgang heißt: mit dem Herzen sehen.

Auf dieser Ebene beginnt das Problem der Sprache wirksam zu werden. Mit dem Herzen zu sehen, bedeutet, eine bestimmte innere Form der Wahrnehmung und des Erkennens einer mit den "Augen" nicht sichtbaren Wirklichkeit. Man kann sie andeuten und in Vergleiche fassen. Die Rose zu erkennen, sie mit innerer Klarheit wahrzunehmen, ist das, was auf dieser Ebene zugänglich wird. Es kann *offenen* Herzens angenommen werden und *entzieht* sich dem intellektuellen Zugriff.

Das gilt übrigens für die nachfolgenden Ebenen genauso. Symbole sind die Schlüssel zu dieser subjektiven Erlebniswelt. Der Zustand, der hier gefunden werden kann, entspricht dem "Sehen mit dem Herzen". Was bringt das für die alltägliche Praxis? Nichts, denn es ist die falsche Frage! Genauso gut kann man fragen, wozu Liebe, Beziehungen, Vertrauen gut seien. Wenn sie fehlen im Leben, dann wird klar, daß etwas Wesentliches verlorengegangen ist. Mit dem Herzen sehen ist nichts, was einem abgeht, ehe man diesen Zustand überhaupt erschlossen hat.

Wenn er erreicht wird, dann ist es, als ob das Leben überhaupt erst beginnen würde. Er öffnet neue Perspektiven von Wirklichkeit, Zeit und Lebenssinn.

Der Enneagramm-Regelkreis der Rose auf der fünften Ebene

1. Seinsform Rose: *Ich bin wunschlos.* Die Rose ist eine Blume. Als solche ist sie eine Ikone der Liebe und kann mit dem Blick auf die Sieben verschiedene Assoziationen und Ideen zünden: eine Rose schenken, Rosengarten, Rosenöl oder ein Duft; samtig, seidig, rot oder gelb, zärtlich sein., um nur einige davon zu nennen. Die Rose ruft Bewunderung hervor und dient als Beziehungssymbol.

2. Orientierung/Vision: *Ich beginne, mich zu orientieren, und frage: "Wer bist Du?"* Wir sehen die Rose in ihrer *Form.* Wer darüber hinaus das *Wesen* der Rose entdecken will, muß eine Form der Annäherung finden, wie sie Liebenden entspricht. Mit Blick auf die Acht wird sichtbar, daß der Betrachter dabei verwandelt wird und die Rose ein bißchen das Wesen in ihm zum Klingen bringt.

3. Gestaltung/Bedeutung: *Ich lerne Lösungsmöglichkeiten kennen.* Eine Rose braucht Pflege. Die Annäherung an das Wesen bedarf der Schulung der Wahrnehmung und der Arbeit des Ähnlichwerdens. Der Beziehungsprozeß "Rose", die zu meiner Rose wird, beginnt hier. Er führt vom Produkt Rose mit der Frage nach ihrem Zweck zum Verständnis von Schönheit und Sinnlichkeit.

4. Berührbarkeit/Resonanz: *Ich löse mich von Dingen, die mich von "Dir" trennen.* Was löst die Rose in mir aus? Welche Empfindungen, Erinnerungen und Stimmungen ruft sie wach? Welche Rosenbilder trage ich in mir? Die Rose ist Zeichen der Liebe, der Leidenschaft und wichtiger Momente im Leben, aber auch Symbol der Trennung, des Abschieds und des inneren Schmerzes. Alle Gefühle der Freude und des Trauerns sind mit der Rose verbunden, können an ihr erwachen und Erinnerungen auslösen.

5. Öffnung des Herzens: *Ich suche die Mitte meines Wesens.* Im geistigen Raum verweist das Symbol der Rose auf innere und lebensbestimmende Qualitäten: Erkennen, Wissen und "Herzenshaltung"; Meditation, Hingabe an den Weg des Suchens, Übung und Rückbindung an das "Wesentliche" sind erforderlich. Existentiell öffnet die Rose die Frage nach der inneren Mitte und danach, was mein Leben erfüllt. Was ist meine Mitte?

6. Beziehung und Intimität: *Ich bin ich, und du bist du.* Die Rose, die da ist, kann nur zu einer Blume werden, die für mich einzigartig ist, wenn ich zu ihr in Beziehung trete. Sie wird wertvoll für mich. Ich erkenne sie, freue mich, pflege und betrachte sie. Aus einer Rose wird "meine" Rose. Alles Leben ist Beziehung. Die Rose ist der Schlüssel zum Du.

7. Wertschätzung: *Ich bin (begründet) erfolgreich und freue mich.* Die zu meiner Rose gewordenen Blume hat ihren eigenen Duft, ihre eigene Farbe und Form. Mit ihrem Dasein verwandelt sie mein Leben, und sie erfüllt mich mit Freude. Wir klingen aufeinander. Ich kenne sie mehr und mehr und werde mit der Eigenheiten Schritt für Schritt vertraut. Sie wird zum Du.

8. Verwandlung: *Stirb, ehe Du stirbst.* Wenn die Rose verblüht und verwelkt – also stirbt –, merke ich, ob ich eine Beziehung zu ihr hatte: Fehlt mir etwas? Werfe ich sie achtlos weg? Wofür stand sie? Ausdruck der Liebe? Ein Geschenk? Dann ist sie eine Erinnerung daran. Die Rose bedeutet Abschied zu nehmen und loszulassen.

9. Meditative Begegnung: *Ich begegne der Rose, und die Rose begegnet mir.* Die meditative Begegnung mit der "Rose" verändert Menschen und die Einstellung zum Leben. Die Meditation des inneren Bildes der Rose öffnet die Türe zu Erfahrungen der "Essenz" des Lebens. Das ist mehr als der Duft, als das Öl der Rose oder ihrer Blütenblätter. Die Erfahrung der *Essenz* der Rose kann zum Erkennen der Wirklichkeit werden.

Zusammenfassung:
"Mit dem Herzen sehen" bedeutet den direkten Zugang zu Wissen und Erkennen. Es ist intuitiv und wird von inspirativen Quellen gespeist. Es bedarf einer langen Vorbereitungszeit und ist trotz aller persönlichen Arbeit ein Geschenk, das nicht erarbeitet, sondern nur in Empfang genommen werden kann.

6. DIE EBENE DES HERZENS

Auf der sechsten Ebene findet die Berührung mit einer neuen Wirklichkeit statt. Das geschieht über Prinzipien, die im Leben erschlossen werden. Als inneres Prinzip dient das Herz. Ausdrucksform sind Märchen, Geschichten, Metaphern und weitere Symbole wie zum Beispiel "Schlüssel und Schloß".

Auf dieser Ebene wird der Umgang mit dem Leben von einer Haltung bestimmt, die derjenigen gleicht, die einen Schmetterling auf der Hand niedersitzen läßt. Wird der Schmetterling in die Hand genommen, dann wird er zerstört; läßt man zu, daß er sich auf der Hand niederläßt, kann er wahrgenommen werden. Die Grundhaltung ist empfangend: Wenn der Schmetterling will, kann er kommen; wenn er will, kann er gehen.

Der Enneagramm-Regelkreis des Herzens auf der sechsten Ebene

1. Wunsch/Wille: *Was wünsche ich mir aus vollem Herzen?* Die Absicht, die in einem *Wunsch* verborgen ist, gibt dem Leben die nötige Spannkraft, um das zu realisierende Ziel (auf der siebten Ebene) zu erreichen. Die Kraft eines Wunsches

kann aus unterschiedlichen Quellen gespeist werden. Der Wunsch auf der ersten Ebene ist weitgehend materiell begründet, der auf der sechsten Ebene ist spiritueller Natur. Er ist das Wissen um die Sehnsucht des Herzens, das unbeirrbar einem *roten Faden* folgt, der sich im Leben abspult. Hier wird der *Herzenswunsch* gefunden!

2. Vision/Glaube: *Die Frage des Herzens finden!* Eine Vorstellung, die einer Vision folgt, befähigt Menschen zu außergewöhnlichen Leistungen. Um auf diese Ebene zu gelangen, wurde sie auf allen vorangegangenen Ebenen geprüft, erschüttert und angezweifelt. Es ist die *Herzensfrage*, die bis hierher geführt hat und jetzt eine begründete Aussicht auf Lösung hat.

3. Arbeit/Gestaltung/Berührung: *Was ist der wichtigste Kampf meines Lebens?* Die Qualität der Arbeit, des Suchens und Gestaltens erfährt hier eine Änderung. Nichts kann die Suche mehr erschüttern, denn sie ist zur *Herzensangelegenheit* geworden. Derjenige, der jetzt jeden Stein in der Schöpfung umdreht, *weiß,* wonach er sucht, und ist von einer unerschütterlichen Zuversicht getragen, daß der Beweggrund seiner Suche existiert.

4. Mitempfinden/Beweggrund: *Auf die Stimme des Herzens hören!* Die emotionalen Blockaden sind hier längst gelöst. Lange Zeit wurden Zweifel, Schmerz und Hoffnung(slosigkeit) mit dem Wissen ertragen, daß es eine Lösung gibt. Das Ringen glich dem Verdurstenden, der in der Wüste nach Wasser sucht. Jetzt ist die Zeit der Öffnung gekommen, und die *Stimme des Herzens* wird gehört.

5. Lebensgrund/Sinn: *Wonach habe ich Hunger und Durst?* Die Sehnsucht des Herzens war der Grund der Suche. Sie ist nun auch die Ursache des Findens und der Erfüllung. Durst ist der Hinweis darauf, daß es Wasser gibt. Das Wasser des Lebens ist die Antwort für alle, die suchen und (noch nicht) finden. Hier wird das Leben zum Geschenk.

6. Lebensmut/Standhalten: Welche Prüfungen habe ich bestanden? In der Rückschau wird sichtbar, daß alle Prüfungen des Lebens nur das eine geprüft haben: die wahre Absicht! Wer in der rechten Absicht gesucht hat, der wird hier mit unerschütterlicher Stärke und Sicherheit ausgestattet. Was ihn auszeichnet, ist, daß er weiß, wirklich weiß, und das genügt.

7. Entdeckung der Wirklichkeit: *Was will ich wirklich?* Es gibt die Welt der *Relativität* mit all den schimmernden und schillernden Ablenkungen und Illusionen. Und es gibt die *eine* Wirklichkeit, die sich nur demjenigen erschließt, der *mit dem Herzen* sucht. Der wahre Sieg nach dem Ringen besteht im *Erkennen.*

8. Sinnlichkeit/Anziehung: *Was macht mein Leben aus?* Der Quantensprung des Lebens besteht darin, daß es möglich ist, im "Hier und Heute" den Zugang zum Himmel zu öffnen. "Himmel" ist die Beschreibung eines Zustandes gehobener Lebensqualität, der an dem Ort zugänglich wird, in dem man lebt.

9. Begegnung/Lebensquelle: *Wofür bin ich von ganzem Herzen dankbar? Herz ist der Ort*, der zur Begegnung mit einer neuen Wirklichkeit einlädt. Viele Türen müssen zuerst geöffnet und viele Aufgaben bewältigt werden. Dennoch ist alles, was uns von Wahrheit und Wirklichkeit trennt, *ein Symbol.*

Zusammenfassung:
Der Sufismus sagt: "Alles, was Menschen geben können, ist die Absicht. Alles andere ist Geschenk." Damit ist gemeint, daß man Lebensveränderung und Lebensqualität nicht kaufen kann, sondern sich dafür öffnen muß. Der Weg auf der sechsten Ebene ist ein Weg, der nur mit offenem Herzen gesucht und gefunden werden kann. Das Herz ist die Türe zu dieser Ebene.

7. DIE EBENE DER MYSTIK

Auf der siebten Ebene öffnet sich der Zugang zur Mystik[5]. Der Zugang wird über den Werthorizont vermittelt, der aus dem Sufi-Weg der Mevlânâ-Rûm-î-Tradition stammt. Seine Werte sind der Spiegel der Wirklichkeit.

Wir erinnern daran, daß mehrmals darauf hingewiesen wurde, daß der Bezugspunkt darüber entscheidet, welche Ebenen erreicht werden können. Die hier aufgezeigten Inhalte der siebten Ebenen stellen keine Regeln dar, die erreicht werden sollen. Sie sind Lebensprinzipien der Menschen, die hier zu Hause sind und es auch sein wollen.

Es geht um wahres Wissen, um Mystik und um die Wegbegleitung. Die Prinzipien dieser Ebene sind vergleichbar mit Sehhilfen, die so lange der Orientierung dienen, bis man die Wahrheit erkennen kann.

Der Enneagramm-Regelkreis des mystischen Weges auf der siebten Ebene

1. Dein Wille geschehe. Der *Wille Gottes* und der *Wille des Menschen* stehen sich manchmal gegensätzlich gegenüber und sollen in Einklang gebracht werden. Natürlich ist es der Wille des Menschen, der auf dem Prüfstand steht. Der Wille Gottes, so sagt der Sufismus, ist erkennbar für den Menschen, der Gott sucht. Er ist angehalten, die Auseinandersetzung mit den Grundlagen der Religionen zu suchen.

2. Ich vertraue Dir. In der heutigen Zeit ist es entweder *verrückt* oder *visionär,* die Herausforderung anzunehmen, seine persönliche Existenz an Gott anzubinden. Das ist eine Vision, die das Format eines "positiven Leitgedankens" sprengt. Das ist ein Abenteuer, das über Zeit und Raum hinausragt und dem einzelnen die *Vision* einer persönlichen Zukunft in Gott ermöglicht.

3. Du Gott. *Nein, es gibt keine Wirklichkeit außer Gott.* Das ist am Sufi-Weg kein philosophischer Leitgedanke oder eine diskutierbare Größe, sondern Wahrheit und Wirklichkeit, die im Leben des einzelnen erschlossen werden kann. Es ist die Herausforderung zu sagen: "Ja, das ist wahr oder nein, das ist nicht wahr!"

4. Die Stimme des Herzens hören. *Hören, horchen und gehorchen.* Das kann nur jemand, der mit seinem Ego gebrochen hat und erkennt, daß es unterschiedliche Geister mit unterschiedlichen Interessen gibt. Hier wird erkannt, daß ich als Mensch Hilfe und Erlösung benötige. Wer das nicht akzeptiert, der steckt im Ego.

5. Unruhig ist mein Herz. *Wer stillt den Hunger meines Herzens und löscht den Durst meiner Seele?* Niemand, der nicht zuvor die anderen Ebenen durchwandert, durchlebt und durchlitten hat, kann auf diese mystische Ebene gelangen. Hier muß unterstrichen werden, daß der hier gemeinte Hunger und Durst nicht die verlagerte Lebensangst und die Flucht vor dem Leben ist, sondern die wirkliche Sehnsucht nach Gott.

6. Stirb, ehe Du Stirbst. Der *Sufi-Weg* ist ein unangenehmer Weg, weil er nicht beschönigt, sondern den Menschen mit der Realität seines Daseins konfrontiert: mit dem Tod. Ein Spruch sagt: "Stirb, ehe du stirbst!" Das öffnet den Zugang zu

einem veränderten Verständnis von Sterben und Tod. Es bedeutet, daß es möglich ist, "Sterben im Alltag zu üben", so daß es keine Furcht mehr davor zu geben braucht und der Tod zum Bruder wird.

7. Bis sich der Einklang ergibt. Wenn die Übungen absolviert wurden; wenn die Prüfungen bestanden sind, dann ist der Zeitpunkt gekommen, alles aus der Hand zu legen und vertrauensvoll zu warten. Der Augenblick kommt, in dem das Neue, das Unerwartete erkennbar wird – vielleicht erahnt oder ersehnt, aber nicht wirklich geglaubt werden kann. *Es ist wahr; Gott zeigt sich denen, die ihn von ganzem Herzen lieben.*

8. Zur Quelle finden. *Du sollst den Herrn, deinen Gott, von ganzem Herzen lieben, mit ganzer Seele und mit all deinen Gedanken.* Das ist das wichigste und erste Gebot. Ebenso wichtig ist das zweite: *Du sollst deinen Nächsten lieben wie dich selbst!*[6] Wenn dies erfüllt wird, geschieht die Verwandlung wie von selbst, aber bis dahin ist Arbeit erforderlich für all jene, die sich nach Gott sehnen.

9. Ursprung allen Seins. *Wofür bin ich von ganzen Herzen dankbar?* Die Lösung der Frage nach der Begegnung mit Gott ist in der Antwort auf die Frage versteckt. Wer dankbar ist, kann an Gott nicht vorbeigehen, und Gott kann ebenso wenig an demjenigen vorübergehen, der dankbar ist, denn ER selber ist die Dankbarkeit.

Zusammenfassung:

Der Weg über die sieben Ebenen ist weit. Er umfaßt viele Jahre des Lebens. Wenn man jeder Ebene 7 Jahre Entwicklungszeit zuordnet, dann könnte er mit ca. 50 vollendet sein. Dann folgt das Neue, das sich der Sprache entzieht und in den Raum der Mystik gehört.

ENNEAGRAMM: LEBENSKONZEPT MINDERWERTIGKEIT
Schatten des Lebens: Was uns festhält!

Den 7 Ebenen des Wachstums stehen mehrere Ebenen gegenüber, die das Leben behindern, stören und zerstören. So, wie es Ebenen nach oben gibt, gibt es selbstverständlich auch welche nach unten.

Eine einzige Ebene stellen wir den sieben Wachstumsebenen gegenüber. Wir nennen sie die Ebene der Minderwertigkeit. Wer immer in ihr verhaftet ist, wird den Sog nach unten spüren, der seine Wirkung entfaltet, wenn sich ein Mensch zum Wachsen, Reifen und Leben entscheidet. Diese Ebene gleicht einem Kleber und beinhaltet die eigentliche Reifeprüfung des Lebens.

Die Wurzel: gebrochenes Sein – eine durchaus nicht außergewöhnliche Lebenserfahrung in 7 Schritten

1. Ich weiß genau, wann mein Sein in mehrere Hälften zerbrochen wurde. Ich weiß den Tag, den Ort, die Gegebenheiten und annähernd die Stunde. Ich spüre die Wärme des Waldbodens, auf dem ich spielte, und ich weiß, daß es ein herrlicher Sommertag war. Ich weiß, daß das der Endpunkt meiner Entwicklung war, die durch absolut nichts aufzuhalten war. Dieses Leben, das das meine war, ließ sich einfach nicht mehr zusammenhalten. Es war, wie wenn durch einen Stromstoß, eine sehr kurze Überbelastung die Sicherung herausspringt und das Stromnetz zusammenbricht. Mit einem Unterschied: Es gab keine Sicherung, die sich nach dem Zusammenbruch wieder hätte hineinschrauben lassen. Der Spuk war auch nicht vorüber, sondern begann, sich von diesem unglückseligen Zeitpunkt an wie von selber immer wieder zu erneuern.

Ich war es, der wie ein Boot in der Brandung hin- und hergeworfen wurde, immer mit der Illusion behaftet, daß ich mein Boot vor dem Zerschellen retten könnte, wenn ich nur intensiv dagegen steuerte. Aber wogegen steuern, wenn die Orientierung fehlt?

Die Geschichte ist einfach: Es war einmal ein Mädchen, das in einem Auwald auf einer Wiese regelmäßig seine Schafe weiden ließ. Mein Onkel war mein Ziehvater; wir (ich war knapp 6 Jahre alt) pilgerten ebenso regelmäßig zu diesem Auwald, um dort die Schäferin und verschiedene Kinder zu treffen und miteinander zu spielen, jedoch mit unterschiedlichen Absichten: mein Onkel, weil er sich zur Schäferin hingezogen fühlte, ich, weil ich es liebte, mit den Kindern, den Schafen und der Schäferin zu spielen, und die Schäferin, weil sie eine Teufelin in der Kunst der Verführung war und sich in quälerischen Spielen, die sie am Onkel und mir ausübte, bestens auskannte. Beide waren wir aus unterschiedlichen Gründen wehrlos dagegen.

Eines Tages, ich weiß nicht warum, erfand die Schäferin ein Spiel, bei dem sie mich auf ihre Schultern setzte, so daß ich mich an ihrem dick geflochtenen Zopf festhalten konnte. Sie spielte mit mir Hoppe-hoppe-Reiter bis zu dem Augenblick, in dem ihr ein neues Quälspiel einfiel. Sie fügte dem Spiel eine neue Variante hinzu und begann zu rufen: "Jetzt werfe ich Dich, mein Kleiner, in den Fluß." Der in der Nähe gelegene Fluß hieß sinnigerweise "Gail". Also rief sie, sprang herum und schrie immer lauter. Mein Onkel, der in unmittelbarer Nähe an einem Baum gelehnt saß, rührte sich nicht und verfolgte das Geschehen mit erstarrter Miene, tat aber sonst nichts dergleichen. Ich begann vor Angst zu schreien, die Schäferin schrie noch lauter ihren Refrain, und der Onkel rührte sich noch immer nicht. Ich schrie, sie rief, und das Ganze schaukelte sich immer mehr auf. Die Schäferin peitschte ihr zynisches Lustspiel immer mehr auf und begann, direkt auf den Fluß zuzulaufen. Die vorhandene Kinderschar rannte johlend mit. Mein Onkel rührte sich nicht. In mir steigerte sich die Angst zur nackten Panik, die sich in hilflosem Zorn, Ohnmacht und lautem Schreien ausdrückte. "Warum hört mich mein Onkel nicht?" durchzuckte es mich. "Jetzt muß ich sterben!" Mein Schreien beeindruckte das Mädchen in keiner Weise, sie war in einem Machtrausch und durch nichts zu stoppen. Auf einmal gingen mit mir die Gäule durch! Ich kann das Gefühl nur so beschreiben: Ich kämpfte um mein Leben. Ich weiß nicht, was ich anders gemacht habe, aber ich riß dermaßen an den Haaren der Schäferin, trat um mich, kratzte und schrie so heftig, wie ich nur konnte. Der Erfolg stellte sich schlagartig ein. Die Schäferin setzte mich sofort ab und war leichenblaß. Sie beschimpfte mich grob, wagte aber weder mich zu schlagen, noch ihr grausames Spiel fortzusetzen. Mehr taumelnd als gehend kehrte ich zu meinem Onkel zurück, der noch immer bewegungslos am Baum saß und mich anstarrte. Den Grund habe ich nie wirklich verstanden.

Diese Geschichte habe ich sicher tausendmal angeschaut, analysiert, auseinandergenommen und den Schmerz durchlitten. Teil für Teil habe ich sie zurückgeholt, und es dauerte Jahre, bis ich wirklich verstand, was passiert war. Heute kann ich sagen: Zu jenem Zeitpunkt ist mein Sein zerbrochen. Es war nicht einmal besonders unangenehm. Irgendwie war es ruhig geworden in mir. Schmerzen habe ich nicht mehr so intensiv gespürt. Irgendwie war Farbe aus meinem Leben gewichen. Etwas war gestorben, und ich hatte das Wissen darüber verloren, wer ich war. Was mich allerdings lange, sehr lange begleitet hatte, war die Erfahrung, daß ich aus mehreren Teilen bestand, die miteinander sprachen und in Konkurrenz zueinander standen. Ich hatte eine Idee und wurde sofort von mehreren Stimmen beraten, dies so oder so zu machen, und innerlich gequält. Es hat lange gedauert, bis ich wieder zu mir gefunden habe. Viel persönliche Arbeit war notwendig, dieses Lebesnpuzzle zusammenzusetzen.

2. Es war ruhig geworden in meinem Leben, und als ein Jahr später mein Onkel verstarb, tat dies eigenartigerweise gar nicht mehr so weh. Die Tante weinte wochenlang bitterlich um den Verstorbenen, und ich schob meinen Zustand diesem Umstand zu. Ich besuchte zu diesem Zeitpunkt die erste Klasse der Volksschule, und meine Leistung verschlechterte sich drastisch. Niemand war zu diesem Zeitpunkt auf die Idee gekommen, daß es irgendeinen Zusammenhang mit dem Ereignis in dem Auwald geben könnte. Tatsache aber war, daß von jenem Zeitpunkt an in verschiedenen Abständen diese Wunde meines Lebens immer wieder aufbrach und der Zustand des zerbrochenen Seins sich mehr und mehr eingrub. Die nächsten fünf Jahre waren davon gekennzeichnet. Ich weiß aus dieser Zeit kaum mehr nennenswerte Ereignisse, außer einiger, die mit Schmerzen zu tun haben. Ich war ein schlechter Schüler und bekam schlechte Betragensnoten, wobei ich nie wußte warum. Erwähnenswert ist, daß ich zwar ein schlechter Schüler war, aber nie so schlecht, daß ich wirklich abgestürzt wäre. Ich glaube heute, daß das kein Argument für mich, aber wohl gegen das Schulsystem ist, weil es mich all die Jahre gar nicht bemerkte und sich kein Mensch veranlaßt fühlte, zu fragen, was mir eigentlich fehlte. Nach diesen fünf Jahren erwachte eines Tages meine Mutter. Sie erkannte meine Gefährdung, reagierte sofort, riß mich aus den Armen meiner Tante und verfrachtete mich kurzerhand in ein Internat mit 150 Schülern, um, wie sie es begründete, mir die Gelegenheit zu geben, endlich "lernen zu lernen". Auch hier führte das nur dazu, daß ich mich überhaupt nicht auskannte und einige der Mitschüler ihre Quälspiele an mir ausließen, gegen die ich mich nicht wehren konnte. Nur das natürliche Ende der Schule verhinderte, daß ich vom Internat verwiesen wurde. Die Begründung bringt mich heute noch zum Lachen. Es hieß, ich sei Kettenraucher, wofür es sogar einen ärztlichen Befund gab, obwohl ich nie geraucht hatte. Ich habe das nie begriffen. Ich begriff überhaupt nichts und war nur dankbar, daß die Schule vorüber war. Ich hatte in ihr gelernt, wie man einerseits unauffällig funktioniert und andererseits Scherereien macht, so daß mich keiner wollte. Mit 14 Jahren war nun alles so festgelegt, daß mein Leben schief gehen mußte.

3. Meine Eltern erklärten mir kategorisch und unbarmherzig, daß es für mich nur eine Möglichkeit gäbe, und das sei im elterlichen Betrieb die Lehre eines Konditors zu absolvieren. Sonst gäbe es für mich bestimmt kaum eine Chance. Basta! Also startete ich die Ausbildung, nicht einmal unglücklich darüber, denn ich wußte ohnehin nicht, was ich wollte. Bereits nach einem halben Jahr änderte sich einiges. Von diesem Zeitpunkt an wußte ich mit Sicherheit, was ich nicht wollte: so werden wie mein Vater und einige Zeit später auch nicht mehr wie meine Mutter. Ich überließ die Vorstellung, in Zukunft Konditor zu sein, und den elterlichen Betrieb meinem Bruder.

Zwei gegensätzliche Kräfte begannen sich heraus zu kristallisieren. Ich war erfüllt mit Widerstandswillen gegen das Leben meiner Eltern, und ich spürte Schmerzen, die eine verhüllte Form von Angst und Zorn waren. Ich begann, dagegen zu kämpfen, und dieser Kampf dauerte Jahre. Der Ausgangspunkt war, daß ich dachte, wenn ich nicht so werden würde wie meine Eltern, dann würde alles gut werden. Ich probierte alles Mögliche aus. Ich ging in den Turnverein und übernahm Kindergruppen, dann stieg ich auf die Berge und rang mit ihnen. Ich lernte Mädchen kennen und fand heraus, daß sie mir nur mehr Angst machten, und strich sie, so gut es ging, aus meinem Leben. Ich setzte mich mit der Religion auseinander und fand hier einen roten Faden, um meine inneren Ängste in Grenzen zu halten. Ich eröffnete ein Fotolabor, baute eigenhändig ein Fahrrad und las alles, was erreichbar war. Ich absolvierte drei Tanzkurse und steigerte mich immer mehr in die Suche nach Leben und Sinn. Alles, aber auch alles erhielt den Anstrich von Leistung und Suche, nur um mir nicht eingestehen zu müssen, daß das, was ich tat, eine Flucht war: eine Flucht vor mir selber.

Nachdem ich meine Lehre beendet hatte, die mir immerhin eine gewisse Grundlage an Selbstachtung gab, kehrte ich dem elterlichen Betrieb den Rücken zu und erweiterte die Suche in meinem Leben auf andere Ausbildungsmöglichkeiten, die sich in den Bereichen Psychologie und Theologie befanden. Noch immer war es mir möglich, meine innere Angst zu besiegen, und meine quälenden Schmerzen bohrten sich wie Pfeile in meinen Kopf. Die Angst machte mir Angst. Ich konnte sie nur durch Ablenkung besänftigen. Kaum hatte ich einen Moment Zeit zum Innehalten, sprang sie mich schon wieder an und flüsterte mir immer klarer ins Ohr: "Gib auf!" "Nein!" schleuderte ich ihr die Antwort entgegen. Immer unsicherer wurde ich, denn die Angst war wie ein "freischwebendes Ungeheuer". Sie war auf nichts gerichtet, und sie war auch keine Angst vor etwas Bestimmtem. Sie war einfach vorhanden, und die widersprüchlichen Stimmen in meinem Kopf, die an mir zerrten, taten ihr Übriges, um mir das Leben zu verderben. Langsam bekam das, was sich in mir wie ein mit vielen Fangarmen ausgestattetes Ungetüm, einer Krake ähnlich, einen Namen: eine endogene Depression! Der Stempel, der mir aufgebrannt wurde, wurde hieß: unheilbar! Jetzt fügten sich zwei Dinge ineinander. Ich verstand die Tendenz meines zerbrochenen Lebens. Immer wieder rollte der Angriff gegen mein Leben und wollte mich in den Fluß des Lebens werfen, und die Aufforderung hieß: "Gib auf!" Jetzt verstand ich, daß sich darin die Botschaft meines Vaters befand, der durch Selbstmord gestorben war und mir damit eine lebensverneinende Empfehlung gab. Ich begann, mich mit aller Entschiedenheit dagegen zu wehren und mich von meinem Vater abzulösen. Hieß die Botschaft warm und freundlich "Gib auf!", so wußte ich, daß mein Vater nicht aufzugeben brauchte, denn er war nie wirklich im Leben angetreten und hatte auch sein "Versteck Alkohol" nie aufgegeben. Ich dagegen hielt meine Entscheidung aufrecht: Ich wollte nicht so werden und auch nicht so enden wie mein Vater. Ich wehrte mich entschieden gegen den Moloch in mir. Ich wollte und ich will leben, und für diesen Entschluß bin ich mir heute dankbar, denn daran begann ich, mein Leben auf- und einzurichten.

4. Der vorhin erwähnte rote Faden erwies sich vermehrt als beständiges Seil, an dem ich mein Leben neu ausrichten konnte. Gott war mir seit meiner Kindheit ein Begleiter, und immer wieder brannten mir die Fragen im Herzen. "Gibt es Dich Gott oder bist Du ein Traum? Liebst Du mich? Warum läßt Du mich das alles durchmachen?" An diesen Fragen hing Widerstand, Zorn, Trotz, Resignation, Ärger, Neugier und Hoffnung. Was machte dieses Geheimnis so schwer ergründbar?

Ich war in meinem Leben vielen Träumen nachgerannt und wurde von Alpträumen verfolgt. Es war sogar so, daß ich jahrelang mehrere Träume parallel leben mußte, einfach aus der Tatsache heraus, daß ich keine Ahnung hatte, wie Traum und Wirklichkeit auseinanderzuhalten waren. Diese Ausdauer und ungeheure Hartnäckigkeit begann, sich langsam zu lohnen, und Traum für Traum, Alptraum für Alptraum fielen von mir ab.

Die Frage nach Gott gehörte zu der Kategorie Traum. Wenn es keinen Gott gibt, dann stürze ich tief, das war meine Angst. Ich hatte Angst, daß Gott sich als ein Hirngespinst meines Lebens herausstellen würde, und gleichermaßen wollte ich nicht darauf verzichten, zu ergründen, ob es ihn wirklich gab. Das führte dazu, daß ich Menschen in meiner Nähe mit hartnäckigen Fragen und noch mehr mit meinem Zwang zum Suchen und Untersuchen gründlich verärgerte und sie mich deshalb verließen. Aber – genau betrachtet – das war ein geringer Preis, den ich bezahlen mußte im Vergleich mit dem Geschenk des Findens, das ich nach Jahren des Ringens erhalten habe. Der Verlust einiger Menschen ist zu verschmerzen, der Verlust der Seele jedoch ist durch nichts aufzuwiegen. Durch das Ringen mit der Frage nach Gott wurde sichtbar, daß mein Leben neu belebt wurde. Es war die Frage aller Fragen in meinem Leben, und ich weiß genau, hätte ich diese Frage aufgegeben, dann hätte ich mich aufgegeben.

5. Es begann der Prozeß eines neuen Lernens. Hatte ich bisher Ausbildungen absolviert und damit durchaus erreicht, daß ich mich im "Außen des Lebens" gut bewegen konnte, so mußte ich mir trotz allem und voller Zorn eingestehen, daß mein Inneres leer war und meine Angst von all dem unbeeindruckt blieb. Meine Angst suggerierte mir: "Ich bin die stärkste Kraft im Leben!" Schleuderte ich dem auch ein "NEIN!" entgegen, so blieb doch ein unangenehmer Beigeschmack und die Angst vor der Angst mit der Drohung: "Wehe, wenn sie loslegt!" Ich fand einen Lehrer, und der lehrte mich, daß ich keine Verwurzelung hatte und einer dieser berühmten europäischen Wanderbäume war. Diese Bäume meinen, daß ihre persönliche Freiheit darin besteht, ihr Erdreich beliebig wechseln zu können und damit jederzeit ihren Standpunkt aufzugeben. Sie wandern umher und wissen nicht, daß sie tot sind. Da ich einigermaßen erschüttert über diese kurze aber treffende Feststellung war, war meine Frage nach den Heilungsmöglichkeiten naheliegend. Die Lösung war einfach. Vertraue Gott.

Von diesem Moment an holte mich meine Geschichte ein. Ich hatte wieder das kleine Kind vor mir, das ich einmal war und das in den Fluß geworfen werden sollte und sich mit ganzer Kraft dagegen wehrte. Das war doch der Augenblick, in dem mein "Sein" zerbrochen war und ich das Vertrauen verloren hatte. Nie wieder zu vertrauen, war von diesem Moment an Lebensprinzip geworden; alles berechnen und alles kontrollieren; im Zweifel davonlaufen und kämpfen um jeden Preis: die Beschreibung eines Wanderbaumes.

Es war die Frage nach Gott, die mich diese Spannung aushalten ließ zwischen Davonlaufen und Stehenbleiben, um herauszufinden, ob es Gott gibt. Vertrauen war in diesem Moment die härteste und absurdeste Herausforderung im Leben. Dieses Vertrauen war ein neuer Wurf in den Fluß. Diesmal sollte ich das allerdings freiwillig machen und mich als "Nichtschwimmer" dem Fluß des Lebens anvertrauen, um meinem Lehrer zu glauben, daß das Wasser trägt, oder um zu sterben. Was die Augenblicke von damals und heute verband, war mir klar. Was sie unterschied, war mir auch klar: Damals wurde ich gezwungen, heute konnte ich mich entscheiden. Die Herausforderung lag im folgenden: Wenn du wissen willst, ob es Gott gibt, dann mußt du zuerst vertrauen, dann kann Gott dir sein Gesicht zeigen.

Ich verzichte darauf, den Prozeß der Auseinandersetzung zu schildern, weil er nur vom Eigentlichen ablenken würde. Ich habe mich also für das Vertrauen zu Gott entschieden und kann heute, nachdem dies Jahre zurückliegt, sagen, daß ich es nie bereut habe. Ich bin dankbar für diese Herausforderung und für das Erkennen Gottes. Es war der Augenblick der Geburt eines neuen Lebens.

6. Eine Form neuen Lernens begann. Besser gesagt, ich begann zu erkennen. Ich bekam eine neue Perspektive, einen neuen Blickpunkt für mein Leben. Durch den roten Faden, der Gott in meinem Leben darstellte, begann ich zu erkennen, daß er der Weg durch den Irrgarten meines Lebens war. Es war nicht nur ein Suchen, Finden, erneutes Verlieren von bereits Gefundenem und neuerliches Entdecken, sondern eine Prüfung: die Prüfung der Liebe, nicht einer emotionalen Liebe, sondern die der unbeirrbaren Suche und damit einer beständigen Absichtserklärung. Hätte ich die Frage nach Gott aufgegeben, wäre ich, das weiß ich heute, verloren – ich sage das nur für mich und niemand anderen. Für mich trifft das zu. Ich weiß es! Was ist das für ein Gott, der mir dies auferlegt, mich begleitet und mir zumutet, die Aufgabe lösen zu können? Ein Quäler, ein Zyniker oder ein guter und liebender Gott? Für mich ist die Antwort klar: Gott hat mich aus allen Abhängigkeiten befreit, so daß ich aufrecht auf meinen Beinen stehen und meinen Kopf benutzen kann, um mir die Antwort auf die wichtigste Frage meines Lebens mit dem Herzen geben zu können. Liebe ich Gott? Sie ist für mich wohl wichtiger als für Gott, weil sie mir damit erschließt, wer ich bin. Nun, ich habe mir die Antwort darauf gegeben, und der Leser, der mir bis hierher aufmerksam gefolgt ist, wird sie auch kennen.

Hier ist der Moment in meinem Leben, in dem sich das Verstehen öffnet und sich Wunden schließen. Der Zyklus des Versöhntseins beginnt, und ein gebrochenes Sein heilt. Die Wunde heilt nicht, weil so viel gelernt wurde, weil der Grad des Wissens sehr hoch ist und weil eine schier übermenschliche Anstrengung zu Ende geht. Sie heilt, weil eine liebende Berührung stattgefunden hat.

Ich habe verstanden, daß zwei Dinge im Leben miteinander gehen müssen: die wahre Absicht und die Entschlossenheit, Gott erreichen zu wollen, die sich in jahrelanger Arbeit ausdrückt, und die Bereitschaft, die Hand Gottes anzunehmen, um sich verwandeln zu lassen. Das Rohmaterial Mensch muß geformt werden. Der verwundete Mensch muß neuerlich Erlaubnis zum Leben erhalten. Der ganze Leidensprozeß dient nur, dem "Empfänglichwerden". Das ist das innere Geheimnis des Sufi-Weges.

7. Ich als ein wandernder Baum bin nun nicht länger ein Wanderer. Ich als Baum bin auch nicht mehr im Absterben begriffen. Wie es sich für einen Baum geziemt, sind die vernarbten Wunden auch weiterhin zu sehen. Die zugefügten Schmerzen sind nun zuzuordnen und somit nicht mehr länger Grund für sinnloses Grübeln und tiefe Auseinandersetzungen über das Leben und seinen Sinn. Vielmehr erhalten sie eine neue Perspektive. Und das fand folgendermaßen statt:

Hamdi Baba, ein Derwisch, öffnete mir den Blick mit seiner rauhen, liebenswerten und herzlichen Art. Er erzählte mir bei einer Begegnung eine Geschichte über einige Abgesandte des Vatikans, die seinen Schaik besuchten. Am Ende der Unterredung baten sie den Schaik um eine Wegweisung, die sie ihren Brüdern weitergeben konnten. Der Schaik, so sagte Hamdi Baba mit breitem Lächeln, sagte also, daß es am wichtigsten sei, zur Dankbarkeit gegenüber Gott zu finden. Das gefiel den Besuchern sehr gut. Dann aber fuhr der Schaik fort mit seiner Erklärung und entfaltete seine Sicht von Dankbarkeit: Gott hat uns einen Körper gegeben, der mindestens 2500 Gründe zur Dankbarkeit beinhaltet. Unverständnis breitete sich in den Gesichtern aus. "Haben Sie heute Kopfweh?" fragte der Schaik einen der Besucher. "Nein!" antwortete dieser. "Sehen Sie, dann seien Sie dankbar dafür!" "Und haben Sie heute Kreuzschmerzen oder tun die Füße weh?" fragte er weiter. Wiederum wurde das verneint. "Sehen Sie, Sie haben also alle triftige Gründe für Dankbarkeit!" Hamdi Baba vermerkte hier, daß die Zustimmung der Besucher deutlich abgenommen hatte, weil der Schaik so simple Gründe für Dankbarkeit verwendete; dies ließ aber die Heiterkeit der Derwische um so mehr ansteigen, weil sie den trockenen und manchmal absurden Humor des Schaiks über alles liebten und kannten. "Der wichtigste Ort für Dankbarkeit", fuhr also der Schaik mit seiner Belehrung fort, "ist das Klo." Nach einer gedanklichen Pause wiederholte er diesen Satz, um sicher zu gehen, daß ihn jeder Besucher auch richtig verstanden hatte. Dann sagt er: "Sehen Sie, es ist so, wenn Ihr Klogang nicht klappt, erleiden Sie Schmerzen, und wenn er überhaupt nicht klappt, dann bekommen Sie große Probleme damit. Das ist also ein einsichtiger und überaus realer Grund, um Gott für eine funktionierende Verdauung zu danken. Wenn sie also Gott erreichen wollen, dann empfehle ich Ihnen, beginnen sie von nun an, für jeden Klogang dankbar zu sein!"

Hamdi Baba vermerkte zum Schluß, daß die Gruppe den Schaik nicht verstanden hatten, aber die Derwische voller Freude dem Schaik zustimmten. Hamdi Baba schloß, indem er sagte: "Sag, macht es Gott dem Menschen nicht wirklich einfach, einige sehr wichtige Dinge zu begreifen und damit zu ihm zu gelangen?"

Da ich also dem Schaik und Hamdi Baba aus vollen Herzen zustimme, habe ich mit meinem Leben nur Grund zur Freude. Gott hat mich durch dick und dünn begleitet, und wenn ich mir vorstelle, was aus einem nicht funktionierenden Klogang werden kann, und ich das mit meinem Leben vergleiche, dann umfängt mich unbändige Freude und Heiterkeit darüber, daß es die Schöpfung so gut mit mir meint. Also bin ich dankbar dafür, daß ich nicht aus den Augen gelassen worden war, und nehme mein Leben aus der Hand Gottes so an, wie es mir gegeben ist.

Wie diese Lebenserfahrung zeigt, ist eine Veränderung des Lebens zum Positiven möglich. Was immer man an leidvollen Erfahrungen erlitten hat, es sollte ***nie*** *ein Grund zur Kapitulation sein. Aber zugegeben, das ist nach wie vor eine Frage des Bezugspunktes, die jeder Mensch für sich selber lösen muß.*

DER BLINDE FLECK "SELBSTWERT"

Der Enneagramm-Regelkreis mit den 9 Bausteinen der Minderwertigkeit

1. Die Täuschung. Die Absicht der Minderwertigkeit ist Wertverminderung unter der Vortäuschung von "wahren" Werten und der Einhaltung der Tradition ohne gelebten Inhalt. Dahinter steht der Zwang zur Leistung und der Wunsch zur Macht. Leben verarmt nach innen und glänzt nach außen. Ein Wertvakuum entsteht. Es ist das Leben vor dem Leben und sein Prinzip ist: So tun als ob!

2. Baustein Wertlosigkeit. Das Haus, das gebaut wurde, gleicht einem Gefängnis. Es ist unbewohnbar und leer. Traditionen, innere Leere und nicht bewältigte Lebensgeschichte sind die Mauern. Demütigungen, unverziehene Verwundungen und Schmerzen bilden das Material für die Minderwertigkeit.

3. Die Ego-Ordnung. Arbeit, Ordnung, das Funktionieren und die Imagebildung sind tragende Werte der "Wertlosigkeit". Workoholic, Alkohol, Drogen, Rebellion, exzessiver Lebenshunger sind Ausdruck der inneren Leere. Die Erziehungsinstrumente heißen Angst und Furcht. Sie erziehen zur Wertlosigkeit und lassen (ver)hungern. Die Suche nach Freiheit kann zur Sucht werden, denn auch das EGO hat seine Götter.

4. Das erstickte Leben. Die Minderwertigkeit geht mit Beleidigtsein und mit Mitleid für den eigenen, beklagenswerten Zustand einher. Alles Leben wird aufgesaugt in einem Vakuum der Sinnentleerung. Minderwertigkeit ist auch noch mit Tränen arrogant und unbarmherzig. Alle Beziehungen werden getötet. Was bleibt, sind Zorn, Depression, Schmerz, Rache. Innen ist der Tod, aber nach außen "immer nur lächeln". Leere bestimmt das Leben.

5. Blockade des Herzens. Das Herz ist aus Stein; Empfindungen werden abgetötet Das Leben wird nur auf der Außenseite konsumiert. Außen herrscht Überfluß und innen Groll. Niemand merkt, daß die Form zum Inhalt wird. Die Maske ist perfekt. Das Leben wird amputiert, aber da es nicht (mehr) schmerzt, gibt es keinen Schmerzenslaut. Beziehungen werden abgetötet.

6. Der abgestorbene Baum. Der Lebensbaum ist verdorrt und hat keine Wurzeln. Leistungssteigerung und Perfektionismus sind Inhalt des Lebens. Lebendigkeit, Freude und Lebensqualität werden nur selten erfahren. Angst verbreitet sich. Krankheit ist die Folge. Man lebt, um zu arbeiten. Anstelle von Entwicklung und Wachstum gibt es Streit und Kampf.

7. Der Leistungszwang. Das Ziel ist reduziert auf Leistung oder nervenaufpeitschende Lust. Alles verkrallt sich im Kampf um den ersten Platz. Gut ist, was nach oben bringt. Schein statt Sein. Konfliktlösung wird durch Wegschauen oder hartes Durchgreifen betrieben. Ordnung wird zum Selbstwert und tötet Lebendigkeit.

8. Die Verschlossenheit. Verhärtung, Unbeweglichkeit, Demütigung, Aggressivität. Bewußtlosigkeit und Blindheit verhindern eine Änderung. Alles wird in sich hineingefressen. Schmerz wird verbissen. Eine sich selbst erhaltende und nährende "Spirale" der gewalttätigen Minderwertigkeit entsteht. Die Zerrform der Liebe: Liebe diejenigen, die dich "demütigen", damit sie (nicht) aufhören.

9. Ein Herz aus Stein. Alles wird kontrolliert; die Angst geht um und wird gezielt (in Familie, Gesellschaft und Kirchen) verbreitet. Anstelle von Begegnung wird Disziplinierung und Sachlichkeit vertreten. *Die glücklichen Sklaven der Minderwertigkeit sind die Feinde innerer und äußerer Freiheit.*

Das Lebenskonzept "Minderwertigkeit und Wertlosigkeit"

• *Kennzeichen* der Minderwertigkeit sind innere Verarmung und das Aufblasen von rigiden Ordnungsstrukturen. Ordnung wird zum Selbstwert und heißt Tradition.

• Der *Sterbeprozeß der Seele* beginnt viel früher, als es wahrgenommen werden kann. Selbstmord ist die Folge des inneren Absterbens. Sinn ging verloren.

• Minderwertigkeit ist ein *Lebenssystem* und wird durch die Identifikation mit Rebellion oder mit Schmerzen aufrechterhalten.

• Der *„blinde Fleck"* der Minderwertigkeit ist Demütigung und die Sehnsucht danach, die Familie um jeden Preis vor der Scham und dem "Gesichtsverlust" zu bewahren. Mach uns ja keine Schande!

• Minderwertigkeit wird in der *Famile* übernommen und erhält seine volle Wirksamkeit durch die "Wiederholung und Intellektualiserung" im eigenen Leben.

• Der *Kleber* an der Minderwertigkeit ist die (Un)Lust, und sie wird in Demütigung und Zerstörung ausgelebt und mündet in das Absterben und in das "Nicht-mehr-sein-wollen".

• Eine *Änderung der Minderwertigkeit* ist nur möglich durch die *Änderung des Lebens.* Neuentscheidung, Neuorientierung und ein Neuaufbau des Lebens müssen erfolgen. Nicht mehr gegen etwas zu leben, sondern für sich und andere Menschen zu leben, bedeutet gelungene Lebensänderung. Der Gewinn? *Lebensfreude!*

---

[1] Einer der großen Mystiker des Islam in der Zeit von 1058-1111 verwendete das Bild der sieben Täler im *Manhag al-âbidîn,* um das Werden des des Menschen zu beschreiben. Der Mensch als Möglichkeit bis zum Menschen, Vollendung in den Tälern der Suche, der Liebe, der Erkenntnis, der Unabhängigkeit, der Einheit, der Bestürzung und der Hingabe.

[2] siehe Kapitel 1, Seite Wir haben das Symbol der Spirale dort schon vorgestellt.

[3] vgl. das Gleichnis vom anvertrauten Geld, Lk 19,11–27

[4] vgl. Jh 3,30

[5] Wer sich für den mystischen Weg im Enneagramm interessiert, dem empfehlen wir das Spiel Flüstern des Herzens, Enneagramm und mystischer Weg, Aquamarin Verlag, gleichnamige Autoren.

[6] Mt 22,37–39

6. Kapitel

DAS SUFI-ENNEAGRAMM UND SEINE BAUM-TYPOLOGIE

Das erste Kapitel schließt mit dem Symbol des Lebensbaumes ab; dieses Kapitel der Typenerkennung wird damit eröffnet. Der Baum als Symbol des Lebens, des Wachsens und Werdens beinhaltet alles Notwendige, um wichtige Lebensprinzipien zu zeigen. Wir erinnern an das Prinzip, daß sich das Leben von innen nach außen entfaltet. Nach außen zu lächeln und nach innen leer zu sein, bedeutet im Sinne des Sufismus nicht zu leben. Der Mensch ist ein gespaltenes Wesen. Innen und außen! Der Baum ist sich selber "Baum"!

Der Baum zeigt uns:

1. Das Identitätsproblem: Dies bedeutet, daß der Baum im menschlichen Sinne nichts tut; er ist einfach da und erfüllt seine Aufgabe. Der Baum ist, was er ist.

2. Den Rhythmus des Wachsen und Werdens: Eingebunden im jahreszeitlichen Rhythmus lebt der Baum vor sich hin. Für alles gibt es eine Zeit![1]

3. Das Eingebundensein: Er hat einen bestimmten Boden und einen bestimmten Platz im Leben, in den er sich einwurzelt.

4. Die Zugehörigkeit: Er entfaltet das eine Leben in verschiedenen Formen als Tanne, Apfelbaum, Zypresse an einem ihm bestimmten Ort. Der Baum hat eine Heimat.

5. Nahrungsaufname und Sättigung: Alles, was er zum Leben braucht, wird ihm gegeben, und das, was der Baum hat, stellt er *freiwillig* zur Verfügung.

6. Handeln im Verhältnis zum Sein: Der Baum kann nicht denken, nicht aktiv handeln, nicht entscheiden, und doch ist er in einer bestimmten Art und Weise "intelligent". Sein Leben wird vom Dasein und nicht vom Tun bestimmt.

7. Das Erkennen des Wesens: Wie gut oder wie schlecht ein Baum ist, das zeigen seine Früchte, und das erinnert uns an die biblische Aussage: "An den Früchten werdet ihr sie erkennen."[2]

Eine Antwort auf die Frage "Wer bin ich" zu finden, ist also weitaus komplexer, als einfach einen Typ zu bestimmen. Es beinhaltet ein Wechselgeschehen im Leben, in dem zunächst die Prägung durch die Eltern und deren Sichtweise der Welt gegeben ist, dann ist das gesellschaftliche Umfeld mit einer Fülle von Reizreaktionsmustern bestimmend, und erst allmählich findet das Erwachen zu Selbstbestimmung und Eigenverantwortung statt.

Die Typologie unterscheidet sich wesentlich von den derzeit gängigen, weil sie auf dem Boden der Sufi-Symbole steht, die schon in den letzten Kapiteln erläutert wurden. Es geht um Wachstum, Persönlichkeitsentwicklung und Wegbegleitung. Eine direkte Verhaltenskorrektur tritt zugunsten einer Wachstumspädagogik, einer Wertebildung und des Verstehens des eigenen Selbst in den Hintergrund.

Für das Verständnis der Typologie ist es wichtig, die Sprache der Symbole ein wenig zu kennen und zu verstehen. Im Osten wird viel mehr in bildhaften Ausdrücken übermittelt als im Westen. Manches wird angedeutet, und manches bleibt ungesagt und muß erspürt werden. Gleichnisse, Metaphern, Geschichten und bildhafte Ausdrücke transportieren, wie die Symbole, Wissen. Das Verstehen dieser Sprachmetaphern ist dadurch mit einer hohen Eigenleistung verbunden. Es ist auf dem Prinzip des *Samenkornes* aufgebaut, das die Potenz des Lebens ist und alles enthält, was in einem Leben entfaltet werden kann. Das Leben beginnt im Samen, und er enthält alles Notwendige.

DER PARK: GARTEN DES LEBENS

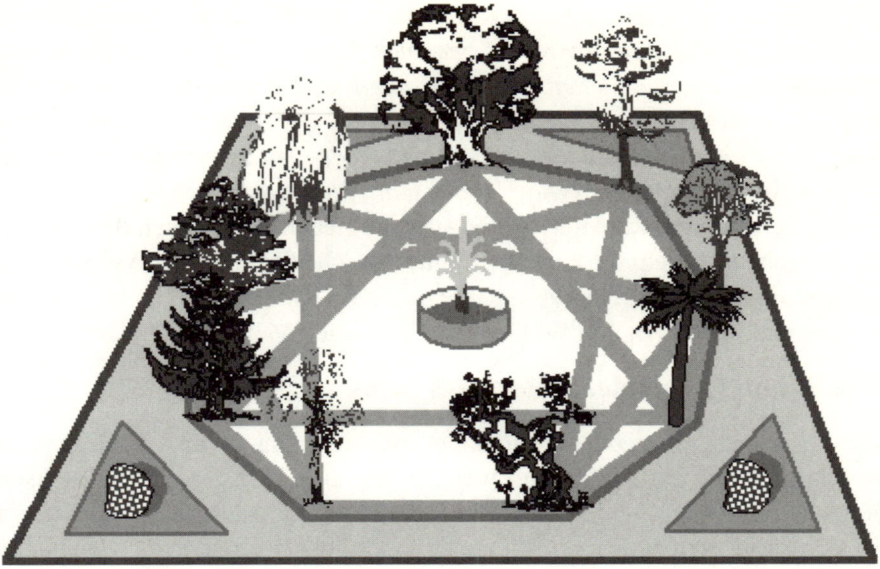

Der Garten ist das Symbol der größeren Ordnung, in dem die 9 Baum-Typen stehen, leben und sich entfalten können. Jeder der Bäume im Garten des Lebens symbolisiert einen Baum-Typ. Um eine Abgrenzung zu den Enneagramm-Symbolen zu schaffen, die von 1 bis 9 numeriert sind, werden die neun Typen mit A, B, C, D, E, F, G, H und I bezeichnet.

Diese Enneagramm-Typologie beschreibt die Eigenarten der verschiedenen Baum-Persönlichkeiten, um deren Wachstum anzuregen und zur Selbstannahme zu ermutigen. Die Chance, zu wachsen und eine gute Lebensfrucht zu bringen, sollte nicht verpaßt werden. Im Sufismus werden Wachstumschancen als Geschenke der Schöpfung betrachtet. Werden sie nicht genutzt, ist Hunger die Folge und sie können verloren gehen! Es gibt somit einen *Hunger nach Wachstum.*

Es war einmal ein Bäumchen, das war recht zufrieden mit seinem Schicksal. Es hatte gutes Erdreich, genügend andere Bäume, die ihm Gesellschaft leisteten, und auch Sonne und Regen, die sein Wachstum förderten.

Eines Tages hörte es einer Unterhaltung zu, die die großen Bäume miteinander führten. Es ging um andere Länder mit anderen Bäumen, unvorstellbar schönen Blumen und herrlichem Erdreich. Ja, es sollte sogar Bäume geben, die ihre Wurzeln direkt in das Wasser eines Sees strecken konnten... Je mehr das Bäumchen davon hörte, desto unzufriedener wurde es mit seinem eigenen Los.

Es wurde ärgerlich, meckerte immer wieder. Es träumte unentwegt davon, sich auf den Weg zu machen, um einen Standort mit besserem Erdreich, mehr Wasser und Schatten und weniger Wind zu finden. Die anderen Bäume wandten sich mehr und mehr von ihm ab. Kaum jemand redete noch mit ihm. Das Bäumchen wurde zum Eigenbrötler und immer einsamer. Seine Leidensgeschichte dauerte ein ganzes langes Baumleben. Denn niemand konnte ihm ausreden, es habe eigentlich etwas Besseres verdient. Keine gute Fee kam, um es aus seinen fruchtlosen Phantasien und aus seiner Unzufriedenheit zu erretten. So geschah es, daß es mehr und mehr verdorrte und schließlich ganz abstarb.

Licht, Luft, Sonne, Erde und Regen sind die Lebensgrundlagen des Baumes. Wir Menschen wurzeln im Vertrauen. Eine Ursache der heutigen Weltprobleme ist im gebrochenen Vertrauen zu suchen: zwischen Kindern und Eltern, zwischen Ehepartnern, Politikern und Wählern und zwischen Mensch und Gott.[3]

Die Baum-Typologie: Spiegel des Seins

Ob das Leben gelingt oder nicht, hängt wesentlich davon ab, ob ich mit dem, was ich habe, wo ich wohne und wer ich bin, zufrieden bin. Der Schicksalsrahmen wird von der Familie, dem Land, der Kultur und der Religion bestimmt. Wer sich darin nicht *einwurzeln* kann, wird möglicherweise *unzufrieden* bleiben müssen. Das macht ruhelos, suchend und unruhig, bis wir die *innere Heimat* gefunden haben. Wanderbäume sind heimatlos. Der Typ bildet den Klangkörper des eigenen Daseins. Der Mensch wird wie der Baum von äußeren Faktoren bestimmt. Man sollte vor lauter "Baum-Typen" den Wald nicht übersehen, in dem man lebt.

Es ist nicht sinnvoll, sich der Haltung der Typologie so zu nähern, daß man sich zu einem Typus hingezogen fühlt und zu anderen schielt, um zu sehen, ob es dort nicht noch etwas Besseres zu holen gibt. Dieser sogenannte "Rosinentyp" ist ein Mensch, der alle Dinge im Leben zuerst prüft und nur nimmt, wenn sie ihm schmecken. Alles, was unbehaglich ist, läßt er links liegen.

Die Baum-Typologie ist ein Spiegel im besonderen Sinne: Der Spiegel ist vergleichbar mit einem stillen Bergsee; wenn ein leichter Wind die Oberfläche kräuselt, dann ist nur ein verzerrtes Bild erkennbar, und man muß warten, bis der See ruhig wird, um ein *klares* Bild darin erkennen zu können. Genauso wichtig ist es, bei der Annäherung an das Erkennen des eigenen Typs ruhig zu werden und Erwartungen abzuschalten. Kein Typ ist besser als der andere. Es gibt nur *subjektive* Vorlieben. Niemand kann jemand werden, der anders als er ist. Man kann sein Dasein, seine Bestimmung und seine Charaktereigenschaften nicht beliebig wechseln wie Hemd und Rock. Wer wachsen und sich ändern will, der bedarf der Bereitschaft, intensiv an sich zu arbeiten.

Das Erkennen des eigenen Baum-Typs in vier Schritten:

1. Die Beschreibung der Baum-Typen: Haupt- und Nebentypen.
2. Die Beachtung der inneren Resonanz auf die Beschreibung.
3. Die Auseinandersetzung und das Erarbeiten des eigenen Baum-Typs anhand der Materialien.
4. Das Erkennen und das Leben des Typs bzw. der Eigenschaften anhand des Fragebogens und des eigenen Entwicklungsbaumes.

Was jeder lernen kann und auch sollte, ist die Zufriedenheit mit sich selbst und dem Geschenk des Lebens. Auch Mängel, Fehler und Belastungen können angenommen werden. Selbstzufriedenheit, Selbstgenügsamkeit und die Annahme des eigenen Schicksals sind unbezahlbare Stärken. Diese Typologie ist keine Aufforderung zur Verhaltensänderung, sondern zur Annahme seines Selbst und seines Daseins wie es ist. Hier geht es nicht um eine Verunsicherung unter der Annahme, daß jemand zu jemand anderem werden muß, damit er sich selber oder anderen Menschen angenehm ist oder gefällt, sondern um die Aufforderung: "Erkenne und akzeptiere Dich, wie Du bist!"

Die Enneagramm-Typenerkennung

In diesem Abschnitt wird der Zugang zum Kennenlernen des Typs und der eigenen Persönlichkeit entfaltet. Wir schicken voraus:

• Es ist unbedingt notwendig, dieses Typenprofil weder als moralisches Werturteil noch als unumstößliche Wahrheit zu verstehen, sondern als das, was es ist: eine Kennenlernhilfe der Persönlichkeit und der Möglichkeiten.

• Dabei ist kein Typ besser oder schlechter als der andere. Alle Typen haben dieselben Lebensaufgaben: fertigwerden mit Angst, Schmerz, Zorn und Hilflosigkeit. Sie müssen das Leben lernen und gestalten und die Zeit zwischen Geburt und Tod sinnvoll erfüllen. Niemand wird verschont von Krisen, Krankheit und Tod.

• Das Typenprofil kann eine Hilfe sein, mit sich selber und anderen besser zu leben. Es hilft außerdem, einander besser zu verstehen und mit dieser Einstellung Schwierigkeiten zu vermeiden. Es kann aber auch mißbräuchlich verwendet werden und zur Festlegung von Sichtweisen einer Person (durch sich selber oder durch andere) führen.

In diesem Teil des Buches geht es um das Erkennen des Lebensbaumtyps und somit der eigenen Persönlichkeit, die ebenfalls in der Symbolik des Enneagramms verborgen ist. Möglichkeiten, Chancen und Probleme werden gleichermaßen angesprochen und entfaltet. Wer einen Typ entfaltet, dessen Leben erweitert sich, Erfolg stellt sich ein und die Zufriedenheit wächst. Beim Erkennen des eigenen Typs können folgende Schwierigkeiten auftreten:

a) Es ist möglich, daß man sich bezüglich eines Typs noch gar nicht festgelegt hat. Die Ausprägung eines Typs geschieht erst später im Leben. Wir denken, daß es keinen wirklichen Typ vor dem 24. bis 27. Altersjahr gibt. Also gibt es auch Probierphasen, die man übrigens, unterstützt von der Typologie, bewußt wählen kann.

b) Es gibt die Möglichkeit einer *gereiften* Persönlichkeit, die eine so große Integration von Verhaltensweisen aufweist, daß es schwer ist, den *einzelnen* Typ zu erkennen. Vielmehr liegt das Spektrum von Möglichkeiten aus verschiedenen Typen vor.

c) Es gibt den Zustand einer *desintegrierten* Persönlichkeit mit vielen verschiedenen Ich-Anteilen, die keinen gemeinsamen "Ich–Kern" hat, so daß es ebenfalls nicht möglich ist, einen Einzeltyp festmachen zu können.

d) Es gibt weiter die Möglichkeit, daß die Frage "Wer bin ich?" eher bedeutet: "Welche Verhaltensweisen habe ich, wie funktioniere ich richtig und wie gut bin ich?" "Wie vermeide ich anzuecken und wie erreiche ich, daß ich anderen besser gefalle?" Diese Fragen werden von der Typologie nicht beantwortet, weil sie zu funktional ausgerichtet sind. Ein Sufi-Spruch sagt: "Wir wachsen mit den Aufgaben und die Aufgaben wachsen mit uns!"

Das Ziel dieser Typologie ist, sich und andere Menschen besser zu verstehen und damit toleranter zu werden. Jeder Typ ist eine Aufforderung und eine Chance zum persönlichen Wachstum. Die Typenerkennung ist die Suche nach seinem eigenen Wesen; es ist eher ein Erspüren als eine Definition. Alle Menschen haben unterschiedliche Stärken und Schwächen. Für die einen ist Leben eine Herausforderung und für die anderen ein Ärgernis.

Um den eigenen Typ zu erkennen, sind sieben Zugänge möglich:

1. Die Beobachtung der Resonanz auf Verhaltensweisen bei den beschriebenen Typen und Fragen bei der Enneagramm-Uhr.

2. Die Überprüfung, ob im täglichen Leben Entsprechungen vorhanden sind.

3. Sprechen Sie mit Freunden, dem Partner und wenn möglich mit Menschen, die Sie besser kennen.

4. Das Spielen des Enneagramm-Lebensspiels.[4]

5. Die eigene Zuordnung zu den Typen anhand von Affinität. Wählen Sie den Typ, der Ihnen jeweils am angenehmsten und am unangenehmsten ist. Daraus ergibt sich ein Typenprofil, das im Vergleich mit anderen Impulsen eine Tendenz angibt.

6. Die Arbeit mit den vorhandenen Materialien, den Fragen und den Querverbindungen bei den Symbolen und dem Entwicklungsbaum am Ende des Kapitels.

7. Wenn Sie ihren Typ ahnen oder erkennen, dann gibt es eine reizvolle

Möglichkeit, sich in diesem Typ kennenzulernen, indem Sie ihn einen Tag lang bewußt *mit allen Sinnen* ausleben. Es bietet Ihnen die Möglichkeit, neue Erfahrungen zu machen.

Auf der Suche nach dem Selbst

Die Typologie dieses Enneagramms kann mit einem *Hologramm* verglichen werden, bei dem das Ganze in jedem seiner Teile steckt. Das bedeutet, daß in jedem Typ von A bis I die Fülle des Lebens angelegt ist und darauf wartet, entdeckt zu werden. Die Baum-Typologie kann uns nur die eigenen Möglichkeiten spiegeln und uns anregen, sie zu nutzen.

• Das wahre Selbst zu entdecken, ist demnach nur nach dem "Samenkornprinzip" möglich. Der eigene Typ und der darin verborgene "Wesenskern" muß zum Wachsen angeregt werden. Nicht das Wechseln von Typ zu Typ löst die Probleme, sondern die Verwurzelung darin. Das ermöglicht das Wachsen und Entfalten der eigenen Persönlichkeit.

• Im Sufismus gilt das Prinzip, daß Leben von innen nach außen dringt. Wer innen leer ist, der kann außen nur "funktionieren", und das in allen angebotenen Typen. Jeder, der seinen Persönlichkeitstyp und das Leben entfaltet, ist ein Gewinner! Jeder gewinnt mehr Leben!

DIE ENNEAGRAMM BAUM-TYPOLOGIE

Es gibt 9 Persönlichkeitstypen, und diese heißen: der Pionier, der Sucher, der Erbauer, der Erzähler, der Öffner, der Gärtner, der Überwinder, der Erbarmer und der Erschaffer.

Ein Persönlichkeitstyp besteht aus einem Netz aus verschiedenen Persönlichkeitsaspekten und Eigenschaften und umfaßt: • Lebensaufgaben erfüllen • Eigenheiten entwickeln • ringen, lernen, siegen, versagen und neuerlich antreten • fertigwerden mit Angst, Schmerz, Zorn und Hilflosigkeit • das Leben lernen und gestalten • die Zeit zwischen Geburt und Tod sinnvoll erfüllen. Niemand wird verschont von Krisen, Krankheit und Tod • Die Lebensrhythmen beachten.

Nach einem ersten Lesen dieser Typologie empfehlen wir eine Rückschau auf das jeweilige Symbol, welcher den Typ und den Vergleich damit erweitert. Denn die Lebensbaum-Typen wurzeln in den Symbolen. Zum Beispiel:

Lebensbaum-Typ A + Enneagramm–Symbol 1

\+

Die Typologie charakterisiert den persönlichen Lebensbaum-Typ zweifach:

• Sie unterteilt ihn in einen Haupt- und seine Nebentypen.

• Jeder Haupttyp hat, wie aus der Enneagramm-Uhr sichtbar wird, zwei Flügelcharakteren, von denen er Anstöße bekommt, und zwei Typen, die ihm gegenüberstehen und auf mögliche Schwierigkeiten und auf wichtige Lebensprozesse aufmerksam machen. Jeder Lebensbaumtyp ist also, einem Baum entsprechend, eingebettet und in Beziehung mit der Umgebung.

• Der Haupttyp bildet dabei mit den gegenüberstehenden Typen ein *offenes Dreieck.* Das Dreieck ist uns bei den Enneagramm-Symbolen und den Hauptpunkten bereits begegnet. Mit diesem offenen Dreieck bestimmt jeder Typ seine Grundposition im Leben. Sowohl der Hauptstamm als auch seine Nebenpunkte stehen in einem dynamischen Zueinander, so daß jeder Mensch *einzigartig* und *einmalig* ist.

A) ENNEAGRAMM-TYP: DER PIONIER
Mit allen Sinnen ringen

Die Absicht des Pioniers besteht darin, das Land, von dem er nicht einmal genau weiß, ob es existiert, zu erreichen, um es dann zu besiedeln.

Charakteristik: Das Abenteuer liegt ihm im Blut. Er liebt es, Herausforderungen zu schaffen, sie anzunehmen und umzusetzen. Der Wunsch, das Unerreichbare zu erreichen, ist sein Leitmotiv. Er verfügt über ein hohes Spannungspotential. Dieses gilt es aufzubauen, zu halten und auch in Projekte, Taten und Aufgaben umzusetzen.

Der Pionier hat ein großes Potential an kreativer Spannung zur Verfügung und muß diese in Taten umsetzen, damit keine Verfestigung eintritt. Er führt ein aufgabenorientiertes Leben. Die Lösung seines Lebens liegt im Erreichen der Ziele und im Erleben der Befriedigung darüber, um dann einem neuen Ziel zuzustreben. Sein Geist ist unruhig.

Fähigkeiten: Wachheit, Stärke, Ausdauer und Bereitschaft zeichnen ihn aus. Auseinandersetzungsbereitschaft, Durchhaltevermögen und starke Instinkte kennzeichnen ihn. Sein Wollen bündelt sich in den klaren Zielsetzungen. Er will Ziele erreichen, dann flacht die Spannung ab. Mehr Wissen, mehr Erfahrung, mehr Geld, mehr Können. Die innere Spannung wird in den Lebensbogen übertragen und ausgelebt.

Ist ein Ziel erreicht, wendet sich die Aufmerksamkeit der nächsten Herausforderung zu. Die Entfaltung des Lebens geschieht im Ringen mit dem Leben. Das erzeugt machmal quälenden Streß und beinhaltet ein hohes (Un-)Lustpotential. Die Lebenskunst besteht darin, erreichte Ziele zu kultivieren, zufrieden zu sein und sich in die Entspannung zu entlassen.

Lebenslast: Sind die Ziele zu hoch oder unrealistisch und erfolgt keine Korrektur oder fehlt grundsätzlich die Fähigkeit, sie zu erreichen, droht das Versagen. Die Last des Lebens liegt darin, daß dieser Typ eine Achse und eine Einbindung braucht, die dem Leben Ruhe gibt, wenn dieses Leben sich nicht im Wettrennen nach Neuem erschöpfen und zur eigenen Erschöpfung führen soll.

Grundaufgaben: Was sind die tragenden Werte im Leben oder erschöpfen sich die Ziele im Materiellen? Wofür lebe ich, besser: für wen oder was lebe ich? Was kommt nach einer Pionierleistung?

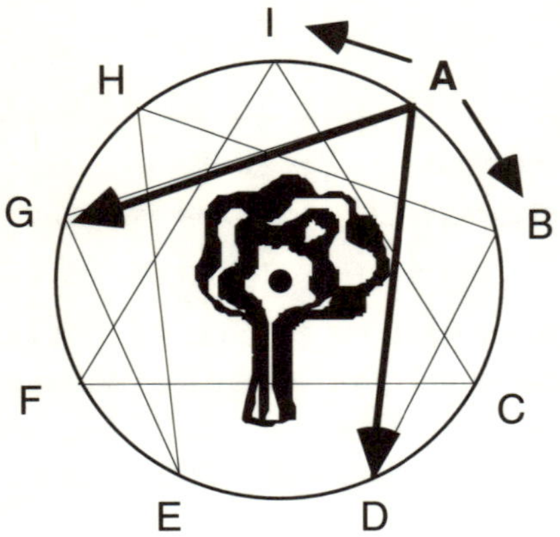

Zusatzcharakteristika: Der *Pionier* steht zwischen den Flügeltypen *Erschaffer/Sucher* und bezieht Anstöße von ihnen. Es sind fast immer eine Begegnung mit einem Menschen, ein Buch oder ein Erlebnis, ein Eindruck, ein Unfall oder ein Schicksalschlag, der einen Hinweis, eine deutliche Aufforderung beinhaltet, nach einer Antwort oder einer Lösung zu suchen und sich in Bewegung zu setzen. Dem Pionier ist es in die Hand gelegt, in vielen Bereichen *Neuland* zu betreten. Der Typ B öffnet den Weg dazu und treibt die Konkretisierung der Ziele weiter.

Blickpunkt: Stellt man sich auf die Position des Pioniers blickt man einerseits zum **Typ B** und andererseits zum **Typ I**. Will also der Typ des Pioniers seine Lebensaufgaben erfüllen, so stehen diese auch im Zusammenhang mit diesen beiden, und er muß Elemente daraus integrieren. Zum Beispiel:

• **Der Blick auf D** spricht von der Integration der Gefühle und Empfindungen im Zusammenhang mit dem Vorantreiben von Projekten, denn sonst besteht die Gefahr der inneren Verhärtung und der Abkapselung, so daß Beziehungen und das Lebensumfeld nicht mehr gesehen werden.

• **Der Blick auf G** weist auf die Erreichbarkeit von Zielen hin. Der Pionier steht in der Gefahr, das Abenteuer zu suchen um der Spannung und des Abenteuers willen. Wenn diese Gefahr nicht überwunden wird, ist das gleichbedeutend mit dem Hängenbleiben in einem nicht lösbaren "Aufputschzyklus", in dem es nur um Spannungsaufbau geht.

B) ENNEAGRAMM-TYP: DER SUCHER
Mit allen Sinnen suchen und finden

Der Suchende braucht einen Traum, eine Frage oder eine Idee. Einmal davon beseelt, verfolgt er diesen bis zur vollen Auflösung.

Charakteristik: Eher nach innen gerichtet, folgt der Sucher seinen Leitideen. Er versteht sich auf die Kunst der Traumdeutung und der Visionen. In ihm verbinden sich innen und außen. Er kann jahrelang eine Frage oder eine Idee bis zu seinem Ursprung oder zur vollen Auflösung verfolgen. Hat er einmal einen roten Faden gefunden, muß er ihm folgen, bis er zum Ziel führt. Die Kunstfertigkeit des Suchers ist dann vollkommen, wenn er *Illusion, Traum* und *Vision* voneinander zu unterscheiden gelernt hat und die "Vision" in das Leben bringt.

Gleich einem Apfelkern müssen alle Träume in die Erde gepflanzt werden, so daß sie Frucht bringen oder als Träumereien erkannt und aufgedeckt werden.

Fähigkeiten: Die positive Stärke dieses Typs liegt darin, daß ihn nichts aufhalten kann, wenn er weiß, wonach er sucht, wie er zu suchen hat und wo er finden kann. Um zum Sucher zu werden, muß man Einbildung und Vision genau unterscheiden können. Einen visionären Traum zu haben ist ein Geschenk. Daran kann das Leben Gestalt annehmen.

An einer Vision festzuhalten, ist oft ein sehr langer Prozeß der Klärung. Der Sucher benötigt Zähigkeit, Unbeirrbarkeit, Entschlossenheit und Wissen, das einem Kompaß gleich die Richtung weist. Planen, orientieren und realisieren sind Stärken dieses Typs. Suchen umfaßt das ganze Leben und alles richtet sich danach aus. Suchen führt durch dick und dünn.

Lebenslast: Ist die Frage, die Idee, der Traum falsch, kann Suche zur Sucht werden und vom Suchenden Besitz ergreifen. Der Traum zerplatzt am Ende wie eine Seifenblase. Leitideen in Form von Glaubenssystemen erschweren ihm dabei den Zugang zum Alltag, der als trivial abgelehnt wird, weil höherwertige Ideale gesucht werden. Da unter Umständen keine Überprüfung in bezug auf die Tauglichkeit erfolgt, werden Illusionen zu Leitideen im Leben, die mit Gleichgesinnten ausgelebt werden.

Ungeerdet sind alle Glaubenssätze und Systeme Illusionen. Sie verweisen auf Fragen nach einer möglichen Flucht vor dem Leben und seinen Aufgaben.

Grundaufgaben: Ein Mensch, der nicht weiß, wonach er sucht, gleicht einem Luftballon. Das Finden von Perspektiven, die das Leben von der Träumerei entbinden. Das Leben auf den Boden stellen. Seine innere Mitte finden.

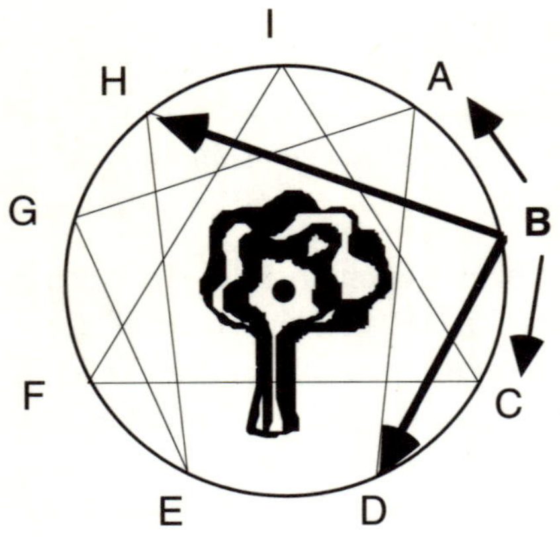

Zusatzcharaktaristika: Der Sucher steht zwischen den Flügeltypen *Pionier/Erbauer* und bezieht von ihnen Anstöße. Ihm ist es in die Hand gegeben, sich eine Vorstellung vom Leben zu machen und herauszufinden, wie es funktioniert.

Seine Stärke ist Planung und innere Ausgestaltung von Ideen und Vorhaben. Er erhält Anteile vom Erbauer, um sie zu erden, und bezieht Stärke und Durchhaltevermögen vom Typ des Pioniers.

Blickpunkt: Von der **Position des Suchers** blickt man zum **Typ D** und auch zum **Typ H.** Will also der Typs des Suchers seine Lebensaufgaben erfüllen, so geben die beiden wichtige Hinweise auf mögliche Schwierigkeiten. Zum Beispiel:

• **Der Blick auf D** spricht von der Integration der Denkprozesse, der Vorstellungswelt mit Gefühlen und Empfindungen. Wenn die Vorstellung oder der Glaube dominiert, ohne auf die Rückkoppelung mit der Realität Rücksicht zu nehmen, bedeutet das die Flucht in die unterschiedlichsten Wege der Phantasie, weg vom konkreten Leben.

• **Der Blick auf H** weist auf die Transformation von Vorstellungen hin. Der Sucher steht in Gefahr, daß sich seine Ideen und Vorstellungen in Illusionen verlieren, wenn sie nicht geerdet werden. Er vermag sich damit eine Scheinrealität zu schaffen, in der er letztendlich nicht mehr zwischen Schein und Wirklichkeit, Lüge und Wahrheit zu unterscheiden vermag.

C) ENNEAGRAMM-TYP: DER ERBAUER
Mit allen Sinnen arbeiten und Gestalten

Etwas im Leben mit den eigenen Händen schaffen. Etwas aufbauen, Ausdruck, Gestaltung.

Charakteristik: Nach dem Brunnen graben, um das Wasser des Lebens daraus zu schöpfen. Ein schöpferisches Dasein, verbunden mit Arbeit, im Einklang mit den Gegebenheiten des Lebens. Mit den Elementen ringen und sie gestalten, ihnen trotzen. Greifen und angreifen führen zu einem Begriff davon, was wirklich ist, und zum Erkennen.

Den Ton zu einem Krug formen, damit er mit Wein oder Wasser gefüllt werden kann. Lebendige Lebensgestaltung hängt mit der Fähigkeit zusammen, sich in den Dingen, die man gestaltet, baut, entwirft und kreiert, selber auszudrücken. Den Raum umbauen, so daß er ein Ort der Sammlung und Versammlung werden kann.

Fähigkeiten: Selbstausdruck in konkret gestalteten Dingen. Angreifen, zupakken, formen, überwinden. Lernen ist die Fähigkeit, auf Neues richtig zu reagieren, ohne dabei die Wildheit, die Gefahr und das Ungezähmte zu scheuen. Damit zu ringen, läßt Wissen und Fertigkeiten wachsen. Dieses Wissen ist Grundlage für Neues und für überraschende Erkenntnisse und Lösungen.

Hier ist auch die Gefahr verborgen, daß es neben Arbeit noch andere lebenswerte Werte gibt. Überarbeiten ist dann der Lebensausdruck, es ist der Weg in die Sucht, oder wie man auch sagt, zur "Lust am Streß" (Workoholics).

Lebenslast:Die Bindung an die Materie verwehrt den Blick auf größere Zusammenhänge. Verhaftet sein führt zur Verfestigung. Mangel an Sensibilität. Geringe Fähigkeit, die Dinge loszulassen, führt zu innerer und äußerer Starre. Die Verwechslung von materiellen Werten mit der Erledigung der Lebensaufgabe. Blindheit gegenüber geistigen Werten. Leben wird mit Leistung verwechselt.

Grundaufgaben: Den inneren Panzer abstreifen und zu neuen Sichtweisen durch eigene Erfahrungen durchstoßen. Lebenserfüllung hängt mit der Aufgabe, der Einstellung zur Arbeit und zum Lernen zusammen.

Seine beständige Übung ist die des Loslassens von Kontrolle und Macht (auch Ohnmacht). Dazu zählen auch Gefühle wie Ärger, Angst, Unlust am Leben. Der Erbauer lernt Leben durch das Erleben.

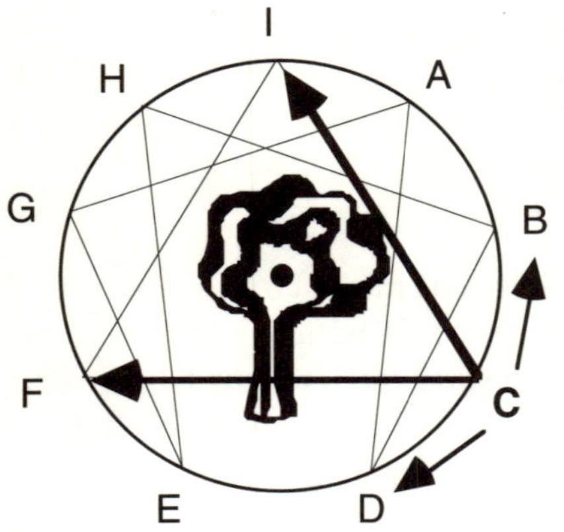

Zusatzcharakteristika: Der *Erbauer* steht zwischen den Flügeltypen *Sucher/Erzähler* und bezieht von ihnen Anstöße. Die gute Einstellung zur Arbeit ist das halbe Leben. Er findet erst durch charakterliche Anteile vom Sucher zu einer erweiterten Sicht auf die Frage nach der Sinnhaftigkeit des Tuns. Damit Arbeit die Qualität der Erfüllung erlangt, braucht sie die Integration von Sinn, Gefühlen und Empfindungen.

Der Erbauer braucht die Vision, damit er weiß, wofür er arbeitet, und Arbeit nicht zum Selbstzweck wird, sondern der Verwirklichung des Lebens dient. Der Lebensleitsatz "Ich lebe, um zu arbeiten" muß geändert werden in "ich arbeite, um mir das Leben zu ermöglichen".

Blickpunkt: Der Blick von der Position des Erbauers geht zu **Typ B** und auch zu **Typ D**. Will also der Typ seine Lebensaufgaben erfüllen, so kommt hier erschwerend der Kontrollpunkt des NEFS dazu, von dem es sich zu befreien schwer ist. Der Blick auf die gegenüberliegenden Typen:

• **Der Blick auf F** spricht von der Arbeit im Sinne von Sorgen, Pflegen und Nähren. Dieser Aspekt befreit den Erbauer von der Gefahr des Maschinenmenschen, dessen Selbstverwirklichung nur die Arbeit ist. Ich arbeite, daher bin ich!

• **Der Blick auf I** weist auf die Problematik im Umgang mit Autoritäten hin. "Nach oben ducken und nach unten treten" zeigt eine doppelgesichtige Einstellung gegenüber Macht und dem Umgang mit sich selber. Die Sichtweise entspricht dem Nefs, das nur in Kategorien wie Hammer oder Amboß, Täter oder Opfer denken kann. Eine innere, davon losgelöste Mitte im Leben muß erarbeitet werden.

D) ENNEAGRAMM-TYP: DER ERZÄHLER
Mit allen Sinnen erzählen

Die Leidenschaft des Erzählers liegt darin, mit Hilfe von Geschichten Menschen zum Zuhören zu bringen und sie miteinander zu verbinden.

Charakteristik: Der Erzähler tröstet, ermutigt und gibt mit seinen Geschichten eine Richtung vor. Er verbindet Menschen miteinander und ist im Sinne des Wortes ein Brückenbauer. Er bringt Menschen zum Nachdenken und läßt sie zu sich finden. Der gute Geschichtenerzähler erfüllt alle Qualitäten eines weisen Menschen und benötigt eine lange Zeit der Reife und Ausbildung. Ja, er ist wahrhaft Diener des Lebens und der Menschen. Er befreit und löst verhärtete Herzen. Geschichten sind Modelle von Lösungen der Lebensaufgabe.

Wenn die Lebensbalance gelingt, so daß sich die eigene Geschichte in den Geschichten dieser Welt widerspiegelt, ohne daß das eigene Ich dabei verloren geht, bewirkt sie Befreiung. Geschichten zu erzählen, beinhaltet die Kunst der Erinnerung. Das ist ein wichtiges Werkzeug der Selbstbefreiung der Veränderung.

Fähigkeiten: Erzählen, mitleben und mitfühlen. Daraus wird der Stoff gewonnen für Geschichten, die Modelle von gelingenden oder mißlingenden Leben sind. Beobachten, bezaubern, lösen, in den Bann ziehen, auftreten und sich darstellen können sind Grundfähigkeiten dieses Typs.

Sich erinnern zu können, beinhaltet die Chance zur Lösung und zur Erlösung, aber auch die Gefahr der Selbstverstrickung in der Vergangenheit, in dem Glauben, daß sie schon die Erlösung ist. Wer die Gegenwart an dem Vergangenen prüft, der verunmöglicht Neues und Neuwerdung.

Leidens- und Liebesfähigkeit wird aus der Versöhnung und der Lösung aus den Banden des eigenen Schicksals gewonnen.

Lebenslast: Wenn die Geschichten nur nacherzählt werden, ohne mit eigenem Leben gefüllt zu sein, dann geht Leben verloren, und die Geschichte wird zum Versteck. Geschichten sind Transportgefäße für eine Botschaft und lebenserweiternde Inhalte.

Sie sollten weder sich selber noch den, der sie erzählt, verkünden. Er darf die Menschen nicht an sich ziehen, sondern sollte diese für das Leben befreien.

Die Lebensdevise ist: Gut ist, was Lust bereitet! Der Nachteil ist die fehlende Kontrolle, wohin einen die Lust treibt; Moralisieren ist für diesen Typ auch eine der Lustarten, die aber einengt.

Grundaufgaben: Die Geschichte des eigenen Lebens erkennen und entwikkeln. Die Kunst des Erzählens für die Menschen kultivieren. In der Aufarbeitung und Läuterung der eigenen Geschichte wird die Grundlage für die Geschichte in der Geschichte geboren. Das Finden von Werten und klaren Aussagen *anstatt* von Scheinwerten, die im Moralisieren verpackt sind.

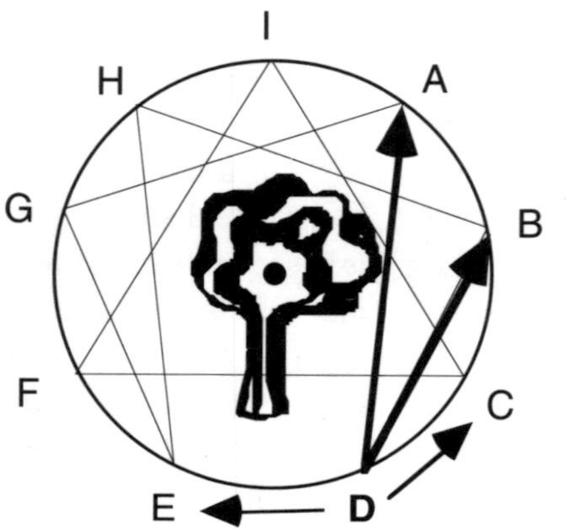

Zusatzcharakteristika: Der *Erzähler* steht zwischen den Flügeltypen *Erbauer/Öffner* und bezieht von ihnen Anstöße. Ausgespannt zwischen den zwei Flügeltypen, bekommt er den Blick auf Wissen und auf Arbeit geöffnet für das Wozu und Wofür im Leben. Dann wird die Emotion zu einer bewegenden Kraft, die, getragen von der Energie des Mitempfindens, unüberwindlich scheinende Grenzen sprengen kann.

Der Erzähler braucht seine Flügel-Typen, um Konkretheit in sein Leben zu bringen, um so das Schwimmen in seinen Gefühlen mit Hilfe von *lebbaren Strukturen* unterbrechen zu können.

Blickpunkt: Der Blick von der Position des Erzählers geht zu **Typ A** und auch zu **Typ B.** Der Blick auf die gegenüberliegenden Typen beinhaltet die Bezogenheit auf Ziele und Visionen. Der Erzähler muß sein schwieriges Problem des Moralisierens überwinden.

• **Der Blick auf A** spricht das Problem des Erzählers an, nur das zu tun, worauf er gerade Lust hat. Der Typ A bringt die Frage auf: Was ist mit den notwendigen Dingen? Eine Balance zwischen Gefühlen und Denken muß gefunden werden.

• **Der Blick auf B** weist auf die Problematik des lustbetonten Lebens hin, in dem man eher die Realität seinen Vorstellungen anpaßt als die Vorstellungen den Gegebenheiten der Realität. Der Entschluß, die Welt den Vorstellungen anzupassen, beinhaltet die Gefahr ewiger Unzufriedenheit, weil die "Gefühlswelt" die einzige Instanz der Bewertung ist. Nur aus dem Bauch zu leben, beinhaltet die Gefahr der Blindheit und ist veranwortungslos.

E) ENNEAGRAMM-TYP: DER ÖFFNER
Mit allen Sinnen vertrauen

Zugänge zum Leben zu schaffen, so daß wahres Verstehen und Wissen möglich werden, ist ein Grundanliegen dieses Typs.

Charakteristik: Forschen, lernen und suchen nach Wissen und Erkenntnis. Leben erkennen, Bindung und Einordnung in eine gute Ordnung sind Grundlagen seines Bemühens. Damit wird die Basis für Vertrauen und Geborgenheit gelegt und für andere Menschen erarbeitet. Wird die Tendenz zum Rückzug und zur Lebensvermeidung überwunden und gelingt ihm die eigene Öffnung des Herzens, dann wird er zu einer Quelle der Lebenserfahrung, die ihn befähigt, andere Menschen verständnisvoll zu begleiten und sie aus deren Isolation zu führen.

In der persönlichen Liebesfähigkeit liegt die Möglichkeit der Angstbewältigung. Sie führt in die Haltung: Weil ich dich liebe, lasse ich meine Angst los.

Fähigkeiten: Menschliches Vertrauen ist gebunden an Zuverlässigkeit; Zuverlässigkeit der Person, der das Vertrauen geschenkt wird, und Zuverlässigkeit dem Wissen gegenüber, das gegeben wird.

Wahres Wissen, das Wirklichkeit und Wahrheit erschließt und auf das ich mich verlassen kann, ist ein Grundanliegen des Öffners. Eindeutigkeit, Klarheit und Entschlossenheit. Durch die Integration von klarem Denken, den Entschluß und das Vertrauen zum Leben entstehen Herzlichkeit und Verbundenheit. Beobachtungsgabe, Mitgefühl und intuitives Einfühlungsvermögen.

Lebenslast: Angst und daraus resultierendes Sicherheitsstreben, die Erstarrung im Vorläufigen und mangelndes Durchdenken; Intellektualisierung des Lebens; gut ist, was ich als gut definiere. Selbstaufgabe und Hartherzigkeit contra Mitgefühl. "Gut ist, was perfekt ist", führt zu innerer Verurteilung und Vereinsamung, Rückzugstendenzen und Angst.

Grundaufgaben: Geringe Bindungskraft und wenig Beziehung. Die Angst, Fehler zu machen, führt zur Erstarrung; Liebe, Vertrauen und Beziehungsfähigkeit müssen gelernt werden; die Haltung, es um jeden Preis richtig zu machen, muß in eine gesunde Distanz zu sich selbst und der Welt umgewandelt werden. Berührfähigkeit muß erworben werden.

Die Stärke liegt im Bewußtsein: Ich liebe. Aus diesser Haltung können Grenzen gezogen, aber auch wieder aufgelöst werden. Das ermöglicht die Balnce zwischen Aktion und Reaktion, aber auch des Aufbauens von Beziehung und das Eingehen von Bindungen, aber auch des Loslassens.

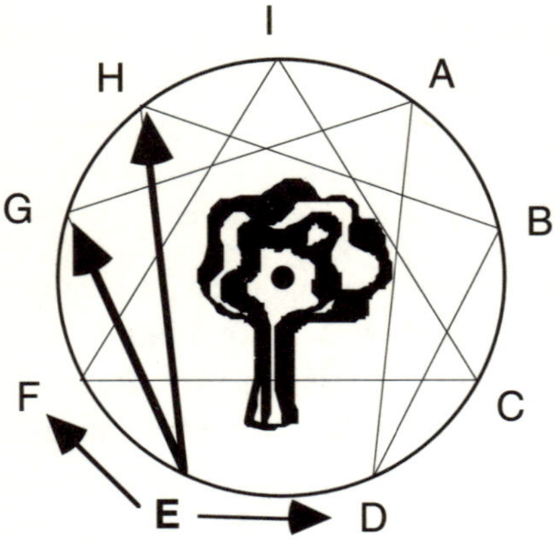

Zusatzcharakteristika: Der *Öffner* steht zwischen den Flügeltypen *Erzähler/Gärtner* und bezieht von ihnen Anstöße. Das Herz (innen), verankert in wirklichen Werten und im Mitempfinden, führt zur Befreiung vom engen Panzer der intellektuellen Welt mit ihren Scheinlösungen.

Von der Tendenz her neigt der Öffner zum Rückzug. Sein Wachstum wird durch die Übernahme von konkreten Aufgaben im Leben gefördert, so daß er sich nicht in der Suche nach Wissen verliert.

Blickpunkt: Der Blick von der Position des Öffners geht zu **Typ G** und auch zu **Typ H.** Der Blick auf die gegenüberliegenden Typen: Durch die Bezogenheit dazu wird der Öffner aufgefordert, seine Öffnung des Herzens auch durch Risiken im Leben einzulösen und daraus keine private Erfahrungswelt abzuleiten; erst die Prüfung des Wissens im Leben bestätigt seine Richtigkeit oder treibt den Prozeß des Lernens voran.

• **Der Blick auf G** spricht das Problem der Tendenz zum Rückzug und dem Mangel an Risikobereitschaft an; Grundwerte des Lebens müssen durch Eigenerfahrungen und gelebtes Erfahrungswissen transformiert werden.

• **Der Blick auf H** spricht der Sehnsucht des Öffners nach Transformation aus dem Herzen. Wenn Leben und Spiritualität nicht Hand in Hand gehen, dann verflacht jeder lebendige Glaube und wird zum erstarrten Glaubensgebäude. Also sind Aspekte des Typs H das Salz im Veränderungsprozeß von Hand, Herz und Hirn im Widerstand zu einem erstarrten Konservativismus.

F) ENNEAGRAMM-TYP: DER GÄRTNER
Mit allen Sinnen unterstützen

Für den anvertrauten Baum sorgen; die Erde lockern, wilde Triebe beschneiden, so daß er wachsen und gedeihen kann.

Charakteristik: Ein Mensch mit Tiefgang, Lebensmut und Beständigkeit. Man kann sich darauf verlassen, daß Zusagen eingehalten werden. In diesem Typ wird Arbeit als ein Prozeß des Säens, des geduldigen Wartens und des Erntens gesehen. Die Balance zwischen dem, was man selber machen muß und was man wachsen lassen sollte, wird gefunden,. Ist jedoch eine Korrektur von Nöten, wird sie gegeben, und dabei wird auch ein harter Schnitt nicht vermieden. Das setzt jedoch klare Ich-Grenzen voraus, die erst gefunden werden müssen.

Liebe wird verstanden als eine Grundhaltung des Sicheinlassens, sich einlassen auf mein und dein Leben. Erst dann kann die Liebesfähigkeit zur vollen Reife gelangen. Ich habe keine Angst vor dem Ich-Verlust, wenn ich dich liebe.

Fähigkeiten: Die Grundfähigkeit liegt in der Ausrichtung auf das DU und dem Dienen.

- Die persönliche Stärke liegt im Leben für andere;
- Glück und Lebenserfüllung wird im Dienst für andere gefunden.
- Fördern, begleiten, schützen, lehren.
- Das Problem einer Flucht vor der eigenen Selbstwerdung kann sich in einer Form übermäßiger Selbstaufgabe verbergen. Ich nehme ab, damit du zunehmen kannst. Die Lösung muß in der Balance gefunden werden.

Lebenslast: Gut ist, was die anderen sagen und was ihnen dient. Diese Haltung, den Selbstwert außerhalb seiner selbst zu suchen, führt zur Abhängigkeit und läßt Ausbeutung zu. Selbstaufgabe liegt in der Luft. Geringe Bereitschaft zu Konfrontation und Auseinandersetzung. Überfürsorge ist keine Liebe, sondern ihr Tod.

Grundaufgaben: Die fürsorgende Haltung läßt zu, daß die eigene Person aus dem Blick verloren werden kann. Die Balance zwischen Ich und Du ist erforderlich. Die vielen Aufgaben sollten nicht zum Versteck vor sich selber werden. Dienen kann eine Funktion sein, oder aber auch Lebenserfüllung.

Wenn die Funktion überwunden und der Durchbruch zum liebenden Dienen gelingt, dann ist sie eine der stärksten und erfülltesten Haltungen im Leben, die es gibt. Sie sättigt nicht nur andere, sondern stillt auch den eigenen Hunger. Sie ist eine Postion der Freiheit und Unabhängigkeit. Jemand, der wirklich dient und weiß, warum er dient, der ist frei.

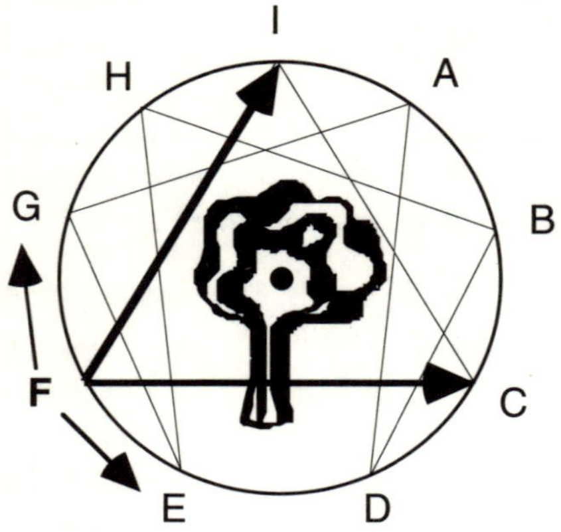

Zusatzcharakteristika: Der *Gärtner* steht zwischen den Flügeltypen *Öffner/ Überwinder* und bezieht von ihnen Anstöße. Seine zwei Flügeltypen geben ihm die Position eines Vaters, der dem Sohn radfahren lernt und der weiß, daß der Tag, an dem der Sohn es kann, sicher kommen wird. Der Gärtner weiß um die Qualität seiner Arbeit und das Ergebnis genau Bescheid.

Der GÄRTNER braucht seine Flügel, um sein Tun mit Wissen zu verankern und Lernprozessen die Zeit zu geben, die schrittweises Wachsen im Leben benötigt.

Blickpunkt: Der Blick von der Position des Gärtners geht zu **Typ E** und auch zu **Typ G.** Er verweist auf die Qualität von Begegnung, auf die es gilt sich vorzubereiten, und auf zerstörerische Kräfte, die es gilt, wachsam zu beobachten.

• **Der Blick auf I** spricht das Lernen durch lebensverändernde Prozesse an. Ängstlichkeit und mangelndes Vertrauen führen zum inneren Absterben von Lebendigkeit und Lebensfreude. Die Gefahr der Verflachung von Lernen ist dadurch gegeben.

• **Der Blick auf C** weist auf die Problematik hin, daß dem Gärtner starke Kräfte des Verweigerns, Behinderns und der Hilflosigkeit sowohl innen als auch außen gegenüberstehen. Das Lernen, welches das Leben wirklich verändert, wird immer behindert und sei es nur durch Sätze wie: "Das kann ich nicht; das will ich nicht; das werde ich nie begreifen; das schaffe ich nie!"

G) ENNEAGRAMM-TYP: DER ÜBERWINDER
Mit allen Sinnen ringen

Einmal eingeschlagene Wege bis zum Ende gehen und an die Erreichbarkeit eines gesteckten Zieles glauben.

Charakteristik: Verbissener Kämpfer, der ohne Kampf im Leben nicht existieren kann und das Kippen in die andere Position. Ein Mensch, der nur tut, was ihm Spaß macht. Seine Devise lautet: "Wenn es nur leicht geht!"

Die Stärke beider Aspekte liegt in der Zähigkeit und in der Kreativität. Zunächst wird alles ausprobiert, bis erkannt wird, daß ein Projekt angefangen, durchgeführt und auch zu Ende gebracht werden muß. Selbstvertrauen und Tun kommen dann in Einklang. Alles, was getan wird und gelingt, wird auch geglaubt. Es ist ein lustbetontes Leben mit immer neuen Erkenntnissen und Errungenschaften.

Beide Positionen müssen den Reiz des Neuen und des Kämpfens überwinden. Der Prozeß von einem zum anderen ist ein Weg der Verwandlung über viele Stationen. Sie führt in die eindeutige Bindung an eine Aufgabe und das Verwurzeln in einer Beziehung. Im Durchhalten und Durchstehen von Spannungen wächst dieser Typ über sich hinaus: Dann sind Siege und Wunder möglich.

Fähigkeiten: Was diesen Typ auszeichnet, ist Kreativität und sein überaus hohes Lösungspotential. Immer wieder fällt ihm etwas Neues ein.

- Leichtes Lernen, schnelle Auffassungsgabe, Geschick und rasches Erfassen des springenden Punktes.
- Die meditative Grundhaltung und das Verankern von Werten führt dazu, daß man nach innen horchen kann, um die intime Sprache des Herzens zu vernehmen.
- Unbändige, spielerische Lebensfreude.

Lebenslast: Eine eigenartige innere Zerrissenheit, die in der Vermeidung von Verantwortlichkeit und Bindung ausgelebt wird. Gut ist, was mir Lust bereitet. Wenig Bindungskraft; immer auf der Flucht. Geringes Durchhaltevermögen. Möchte Kind bleiben!

Grundaufgaben: Die lust- und/oder kampforientierte Lebensmotivation muß in der Bindung an Werte und Aufgaben überwunden werden. Das ungeheuer große Kapital an Kreativität muß für die Lösung von Problemen eingesetzt werden. Dies wiederum erfordert die Lösung der Frage; Wofür will ich mich einsetzen, leben und mit das antun? Ein gute, befriedingen und sinnvolle Bindung muß gefunden werden.

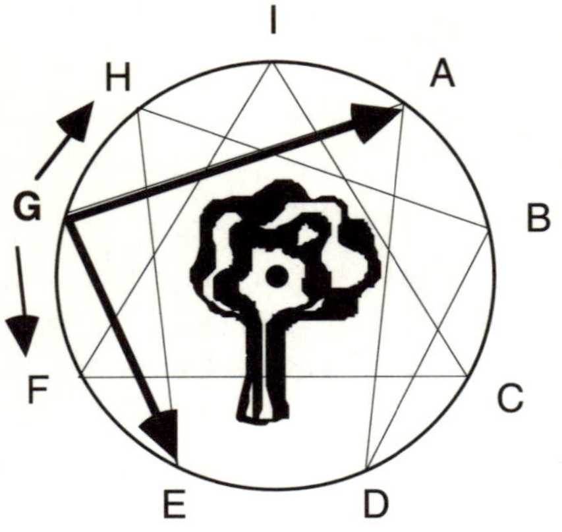

Zusatzcharakteristika: Der *Überwinder* steht zwischen den Flügeltypen *Gärtner/Erbarmer* und bezieht von ihnen Anstöße. Im Lebenskampf erhält er die Impulse, nach dem Ziel des Ganzen zu fragen und sich selber in der Bewertung wohlwollend gegenüberzustehen, die Sinnhaftigkeit zu beachten oder auch die Frage zu stellen, ob Lust alles im Leben ist. Er braucht gut Bindungen an Menschen und Werte.

Der Überwinder braucht seine Flügel, um Lebensziele nicht aus den Augen zu verlieren und sich selber ein gutes Wachsen im Leben durch Selbstdisziplin und Selbstorganisation zu ermöglichen.

Blickpunkt: Der Blick von der Position des Überwinders geht zu **Typ A** und auch zu **Typ E.** Die Bezogenheit auf Ziele und Visionen, verbunden mit wirklichem Wissen, lassen das Problem des Moralisierens überwinden.

• **Der Blick auf A** spricht das Problem des Sammelns von Wissen um des Wissens willen an. Wissen, ohne innere Mitte, kann zum Ort des Verstecks werden. Das birgt die Gefahr des Rückzuges in sich, da Wissen keine lebensverändernde Kraft mehr hat.

• **Der Blick auf E** mahnt eindeutig, an die Zentrierung des Lebens zu denken. Das Spiel des Lebens muß an das Herz gebunden werden, sonst führt es zum Kältetod im Leben.

H) ENNEAGRAMM-TYP: DER ERBARMER
Mit allen Sinnen glauben

Mitgefühl und Begegnungsfähigkeit führen zur Verwandlung des eigenen Lebens und der Leben anderer Menschen.

Charakteristik: Mitgefühl und Engagement, im weitesten Sinne, für das Leben. "Behüten, beschützen und bewahren", steht auf den Fahnen geschrieben. Im besten Sinne des Wortes konservativ: bewahren, schützen und führen. Der Ausdruck des Erbarmens besteht nicht so sehr im Zeigen von Gefühlen, sondern im konkreten Tun und im Engagement für Menschen, Ideen und Überzeugungen.

Findet der Typ auch zu seinem emotionalen Mitgefühl, so wird er zum entschiedenen Anwalt für Menschlichkeit und Menschenwürde. Die Verbindung von innerer Überzeugung, emotioneller Stärke und Entschlossenheit verleiht ihm gewaltige Durchsetzungskraft. Dann scheut er keinen Kampf um Wahrheit und Gerechtigkeit. Er steht ein für das, woran er glaubt, und wird zu einem *Propheten*, der sich Gehör verschafft und der seine Botschaft anbringt.

Fähigkeiten: Die Bereitschaft zu Engagement, Erbarmen und Mitgefühl. Er kann zuhören und ist der Wahrheit verpflichtet. Führerpersönlichkeit, Durchsetzungskraft, entscheidungsstark. Eingebunden im Mitgefühl kommt es zur Verwandlung von Angst und Starre zu Lebendigkeit und Lebenslust.

Der Wunsch, die Welt bewahren zu wollen, wird in zwei Richtungen ausgelebt: einerseits radikal und im demonstrativen Engagement, mit Eifer für eine Sache, Idee oder einen Wert kämpfend, andererseits angstvoll im erstarrten Konservismus, mit Blick auf das ewig Vergangene, in dem alles besser, gesünder und schöner war.

Lebenslast: Die Gefahr liegt im Subjektivismus der eigenen Wertebildung. Gut ist, woran ich glaube! Konservismus kann zum lebendigen Gefängnis werden, dessen Mauern aus Angst bestehen. Ein Abrutschen in die Gewalt und Brutalität ist möglich. Wenig sensibel. Tendenz zum Herrenmenschen. Es besteht die Gefahr, sich in der Resignation oder im Kampf für oder gegen etwas aufzureiben.

Grundaufgaben: Die Prüfung der eigenen Gesinnung, ob etwas für sich selber oder für die Gemeinschaft getan wird, muß bestanden werden. Die Grundfrage ist: "Was ist mein höchster Wert und von wem lasse ich mich zähmen?" Es ist die Frage nach dem Sinn oder Unsinn des Kampfes, der Orientierungslos ausgetragen wird. Widerstand, Einstehen für etwas oder jemanden brauche die Qualtität der Bindung an Werte, Menschen oder Gott.

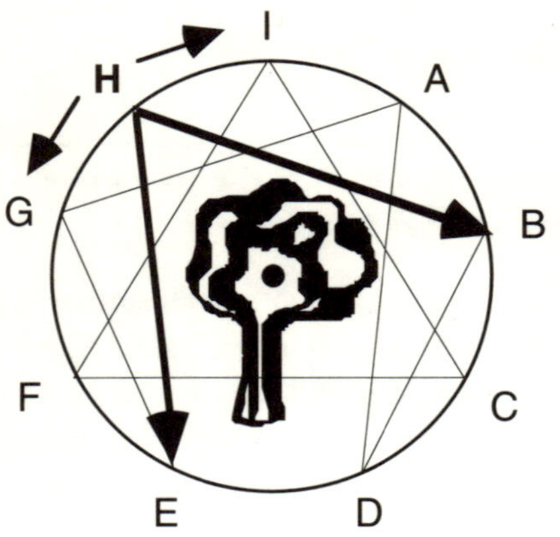

Zusatzcharakteristika: Der *Erbarmer* steht zwischen den Flügeltypen *Überwinder/Erschaffer* und bezieht von ihnen Anstöße. Ausgespannt zwischen den zwei Flügeltypen bekommt er den Blick auf Wissen und Arbeit geöffnet; die Konfrontation mit dem Wozu und Wofür im Leben. Dann wird Emotion zu einer bewegenden Kraft, die, getragen von der Energie des Mitempfindens, Grenzen sprengen kann.

• Der ERBARMER braucht seine Flügel, um Konkretheit in sein Leben zu bringen und so das Schwimmen in seinen Gefühlen mit Hilfe von lebbaren Strukturen unterbrechen zu können.

Blickpunkt: Der Blick von der Position des Erbarmers geht zu **Typ B** und auch zu **Typ E.** Der Blick auf die gegenüberliegenden Typen: Die Bezogenheit auf Ziele und Visionen lassen den Erzähler sein schwieriges Problem des Moralisierens überwinden.

• **Der Blick auf B** spricht das Problem des Erzählers an, nur das zu tun, worauf er gerade Lust hat. Der Typ A bringt die Frage nach den notwendigen Dingen auf. Eine Balance zwischen Gefühlen und Denken muß gefunden werden.

• **Der Blick auf E** weist auf die Problematik des lustbetonten Lebens hin, in dem man eher die Realität seinen Vorstellungen anpaßt, als die Vorstellungen den Gegebenheiten der Realität. Der Entschluß, die Welt den Vorstellungen anzupassen beinhaltet die Gefahr von Fehlhandlungen, weil das Denken zweitrangig ist und die Gefühle die einzige Instanz der Bewertung sind.

I) ENNEAGRAMM-TYP: DER ERSCHAFFER
Mit allen Sinnen lieben

Dieser Typ löst Betroffenheit aus. Man wird seine Nähe suchen oder ihn meiden. In seiner Nähe beginnt sich Leben wie von selbst zu verändern.

Charakteristik: Er ist ein Mensch mit einer Berufung. Ein solcher Mensch ist immer eine Herausforderung für die Welt, denn er bringt Neues, Überraschendes und auch Bedrohliches mit. Sobald die Aufgabe angenommen wird, entfaltet sich das Dasein neu.

Er führt aber auch ein Leben als Außenseiter, der sich oft selber ein Rätsel ist. Er ist nur schwer einzuordnen und hat entweder eine wirkliche Berufung oder glaubt, eine zu haben. Von außen betrachtet, läßt sich das nicht unterscheiden. Sein Leben entfaltet sich wie von Zauberhand, und er wird durch dick und dünn geführt. Alles Leiden übersteht er unbeschadet, oder wenn die Berufung eine Lebenslüge darstellt, dann zerbricht am Ende alles.

Viele Herausforderungen und Prüfungen müssen bestanden werden, bis es möglich ist zu unterscheiden, ob der Ruf wahr ist. Erweist sich die Berufung als wahr, muß der Berufene die Aufgabe annehmen, um sie erfüllen zu können.

Fähigkeiten: Der Wahrheit verpflichtet sein. Den äußersten Einsatz für das Leben wagen. Das Knüpfen von Beziehungsnetzen und das Schaffen von neuen Möglichkeiten. Lehren, führen, entfalten, Intuition, Inspiration und inneres sowie äußeres Geführtsein; das Lernen von Demut, Beziehung und Kommunikation.

Lebenslast: Das persönliche Leid, anders zu sein als die anderen. Unsicherheit, Zweifel an der Berufung. Im Falle eines Irrtums das Scheitern des Lebens an der Ego-Falle. Grandiosität und Größenwahn. Das Scheitern an der Minderwertigkeit, unter der Annahme, daß man für die Aufgabe viel zu gering und unwert sei. Dahinter verbbirgt sich ein Konflikt mit dem eigenen Selbstbildnis: Wer bin ich? An den (un)verwirklichten Projekten und Aufgaben wird nur einem Problem aus dem Weg gegangen: Hoffentlich bin ich kein Versager!

Grundaufgaben: Die Qualifikationen des Lebens erreichen, die die Übernahme einer Aufgabe ermöglichen. Die Unterscheidung zwischen einer echten und einer falschen Berufung. Eine gute Chance, sich verrückt zu machen. Die Lösung des Problemes liegt in der Selbstgenügsamkeit und in der Aufgabe der Suche nach sich selbst. Einfach sein und einfach da sein genügt und befreit von Krampf der eigenen Wichtigkeit.

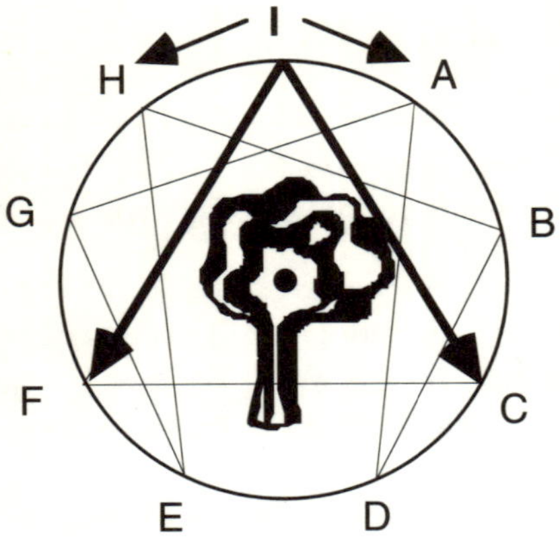

Zusatzcharakteristika: Der *Erschaffer* steht zwischen den Flügeltypen *Erbarmer/ Erbauer* und sieht sein Werk wachsen. Er steht am Punkt, an dem er, wenn er die Leitungs- und Führungskompetenz in seinem Leben positiv ausübt, das Reifen der Früchte seiner Arbeit beobachten kann.

• Der Erschaffer braucht seine Flügel, um das, was er hervorruft, mit Hilfe dessen, was daraus wird, vergleichen und in Einklang bringen zu können. Er sieht den Anfang und das Ende eines Projektes.

Blickpunkt: Der Blick von der Position des Erschaffers geht zu **Typ C** und auch zu **Typ F.** Der Blick zu **C** erinnert an die "Qualität" von Arbeit und Zeitstrukturierung, und zu **F** öffnet sich die Frage, *wofür* gearbeit wird.

• **Der Blick auf C** spricht das Problem des Erschaffers an, Begegnungen einfach zu sammeln, so wie andere Briefmarken sammeln. Der Blick für den initiatorischen Aspekt des Augeblicks geht dabei allzu leicht verloren.

• **Der Blick auf F** weist auf das Problem der Macht hin. Macht zu haben und zu bekommen, übt den größten Reiz aus. Ohne Einbindung in humane Werte und den Dienst am Menschen stellt die *ungelöste* Machtfrage eine große Gefahr dar.

DER LEBENSBAUM: SPIEGEL DES SELBST

Mit Hilfe des nachfolgenden Arbeitsbogens können Sie aus den Rohmaterialien, den Enneagramm-Ebenen, den Fragen und den Impulsen am Hintergrund der Baum-Typologie alles zu Ihrem persönlichen Typ Gehörende herauslösen. Wir schlagen Ihnen vor, dabei 3 Lebensbaum-Modelle zu entwickeln:

1. Einen Kindheitsbaum: Mein Werden in der Kindheit und der Jugend.
2. Einen Daseinsbaum: Wie mein Leben jetzt ist.
3. Einen Nefs–Baum: Was mich vom Leben abhält.

Nachfolgend sehen Sie das Modell eines leeren Lebensbaumes, und wir schlagen vor, ihn mehrfach zu kopieren, so daß Sie auch in der Zukunft ihre Lebensveränderungen aufzeichnen können. Dann nehmen Sie verschiedene Farben und entwickeln ein Baum-Bild von sich selber. Hängen Sie das Bild gut sichtbar auf und tragen Sie auch Veränderungen ein, die Sie zukünftig an sich bemerken. So entwickeln Sie Bewußtheit von sich selber.

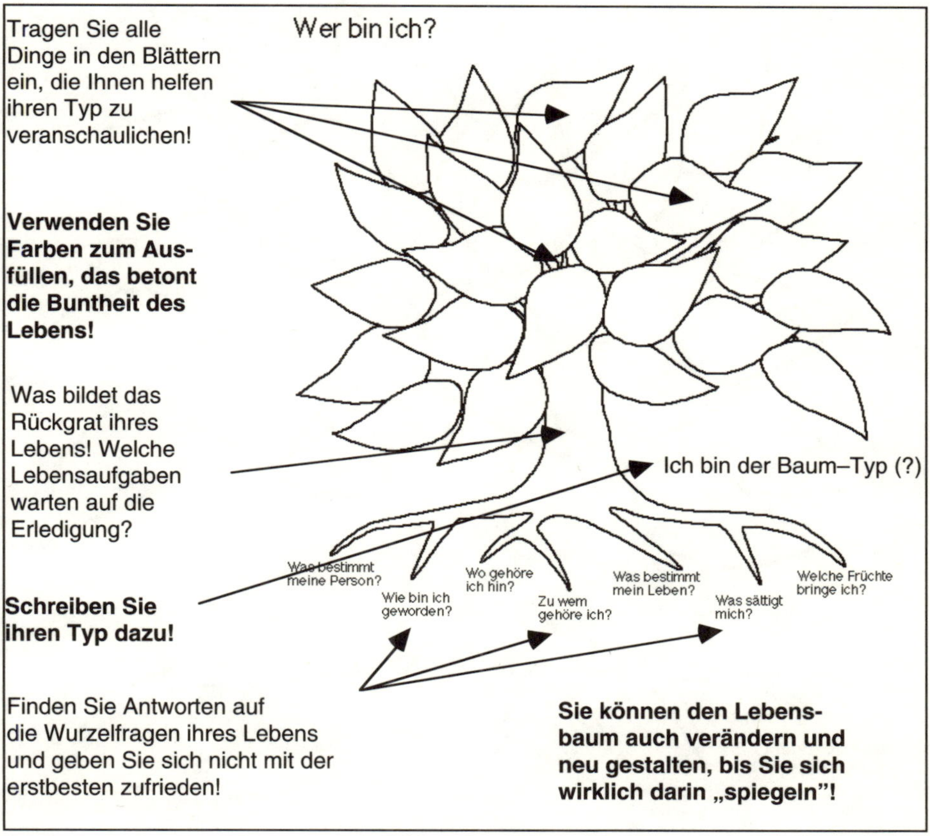

Die Vorgehensweise:

Die Schöpfung hat uns Menschen mit keinem Organ für "Selbsterkenntnis" ausgestattet. Selbsterkenntnis ist eine Erkenntnis, die man über Umwege gewinnt. Der Prozeß heißt *Nachdenken* und ist ein *reflektorischer* Prozeß, der zur Frage "Wer bin ich?" führt. Der Satz: "An den Früchten werdet ihr sie erkennen!" bedeutet, daß ich mir nicht ein Selbstbildnis zimmere, sondern daß ich von dem, was ich hervorbringe, ableite, wer und wie ich bin.

Das Lebensbaum-Modell[5] ist eine Arbeitsanleitung zur Selbstfindung. Die Wurzelfragen des Lebens sind verbunden mit den Impulsen, die uns der Baum für das Dasein gibt. Der Lebensbaum in der Grafik ist leer, denn er wird von Ihnen gefüllt oder bleibt weiterhin leer.

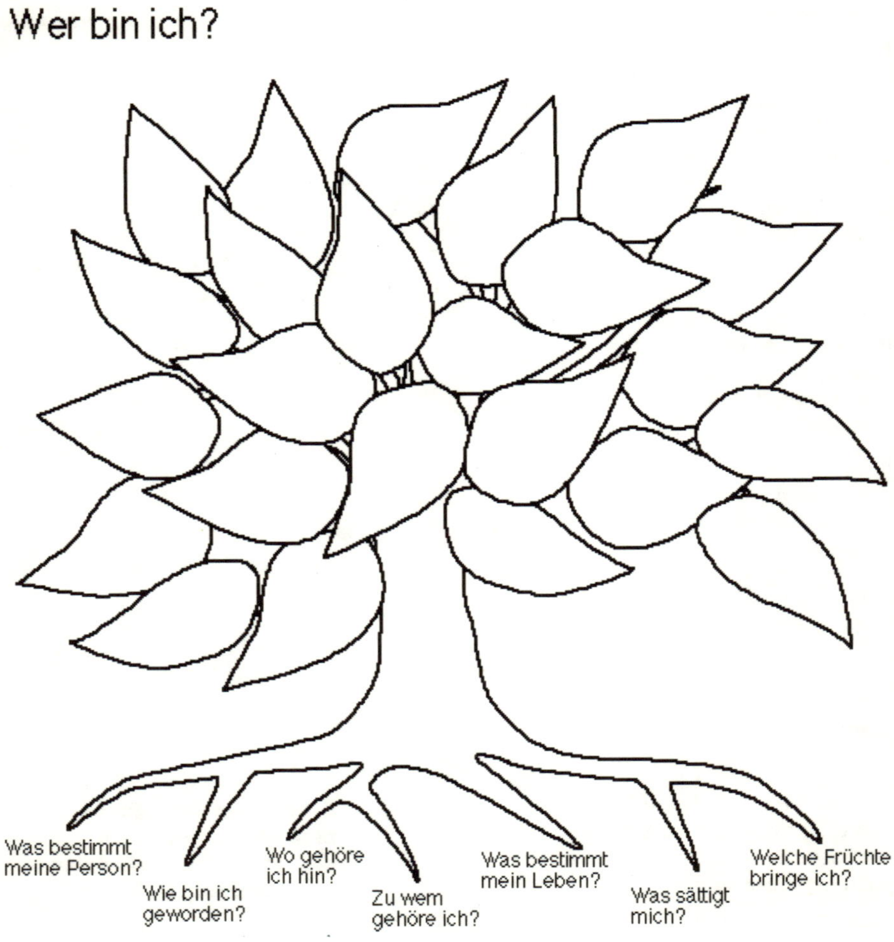

Wer wirklich wissen will, wer er ist, und das ist leider nicht immer eine positive Erkenntnis, der braucht die Bereitschaft zum Arbeiten und Lernen.

"Erkenne Dich selbst", steht bei allen Sufi-Schulen auf der Schwelle zum wahren Sein, und das beinhaltet nicht den Zustand irgendeiner plötzlichen Erleuchtung, sondern heißt, daß die Erleuchtung durch die Arbeit am Erkennen kommt.

Tritt aus deinem Schatten

Der Sufismus geht davon aus, daß zunächst im menschlichen Leben nichts existiert außer Konditionierungen. Ja, der Mensch ist nichts anderes als ein Bündel von Konditionierungen. Das bedeutet, daß Konditionierungen nie einen Zustand der Freiheit ermöglichen. Sondern das sind nur Insellösungen, die so scheinen.

Ein wirklich befreiter Mensch erkennt die Konditionierung, aber ein konditionierter Mensch hat nur eine *Illusion* von Freiheit. Das Sufi-Enneagramm zeigt Zustände der Konditionierung auf und wie sie aufgelöst werden können. Aus diesem gebundenen Zustand muß man sich durch persönliche Arbeit befreien. Der Mensch ist ein Gefangener, der dem Licht folgt oder Gefangener bleiben wird. Platon sieht den Zustand des Menschen folgendermaßen:

Er erzählt von Menschen, die seit ihrer Kindheit in einer Höhle unter der Erde gefesselt sind. Die Höhle hat einen Eingang, durch welchen Licht hereinfallen kann. Ihr Leben lang müssen diese Menschen auf derselben Stelle bleiben, so daß sie nur das erkennen können, was sie vor sich sehen.

Durch die Fesselung können sie die Köpfe nicht drehen, der Lichtschein stammt von einem Feuer, das von hinten die Höhle erhellt. Zwischen dem Feuer und den Gefesselten (in deren Rücken also) verläuft ein Weg. Die Gefesselten bekommen nie etwas anderes in ihr Blickfeld als die ihnen gegenüberliegende Wand der Höhle und das Schaffen der Menschen, die auf diesem Weg unterwegs sind.

Ist es denkbar, daß der eine oder andere Mensch von diesen Fesseln befreit werden könnte und sich umdreht? Was geschieht dann mit ihm, wenn er die Fesseln der Vergangenheit abstreift? Was, wenn er an das Tageslicht käme? Wie wäre dann sein Lebensgefühl? Seine Zukunft?[6]

Konditionierungen müssen durch wahres Wissen und durch wirkliche Erfahrungen aufgebrochen werden. Wirkliches Leben ist eine "Durchbruchserfahrung". Es ist wie das Arbeiten in einem Tunnel. So lange man unter Tag arbeitet, kann man das Licht auf der anderen Seite nicht sehen. Dennoch weiß man, daß es existiert, und arbeitet darauf zu. Dieses Buch ist eine Hilfe, die Grabungsarbeiten im Leben fortzusetzen und damit den Weg der persönlichen Entwicklung nicht aufzugeben oder ihn überhaupt erst zu beginnen.

Der Sufi-Weg ist ein Weg der induktiven Erfahrung oder, anders ausgedrückt, des Wissens durch Erfahrung. Es ist der einzige Weg, der zur Gewißheit führt, daß die großen Fragen der Menschheit: "Woher? Wohin? Wozu?" eine erfahrbare Lösung beinhalten.

Erst wenn dem Menschen Erleuchtung geschenkt wird und für einen kurzen Moment der Zustand wirklicher Freiheit erfahrbar ist, erhält der Mensch einen Funken Wissen über sein gebundenes Sein und kann, wenn er will, sich auf den Weg machen.

Gemäß diesem Zustand, der in der Grafik der Ebenen (Seite 95) in der Ebene der Minderwertigkeit zu suchen ist, ist der Mensch mit Möglichkeiten ausgestattet und im Werden. Das persönliche Wollen und die Absicht, den Weg anzutreten, entscheiden letztlich über den Grad der Freiheit oder des Gefangenseins.

Das Samenkorn der Freiheit braucht viel Unterstützung, um reifen und wachsen zu können, und aus der Sicht des Sufismus gibt es dazu keine Automatik. Deshalb ist das Samenkorn eine realistische Sicht des Lebens. Jeder trägt das Risiko des Lebens in seinen Händen. Falsche Gedanken, fehlerhafte Zielsetzungen und mißlingende Aktionen töten es ab.

Wir geben diesem Buch die Absicht mit, Fehler einzuschränken, zu ermutigen und Leben zu unterstützen, weil wir sehen, wie unser eigenes Leben gelingt.

7. Kapitel

EINE SCHLUSSGESCHICHTE: WIE DAS ENNEAGRAMM AUF DIE WELT KAM[7]

Es war einmal ein Land, gar nicht so weit von hier. Dort lebten kleine Leute, die einander von Herzen zugetan waren. Sie waren glücklich und liefen mit einem Lächeln herum, das von einem Ohr zum anderen reichte. Jedermann wurde herzlich begrüßt, und niemand war allein in diesem Land. Dieses Land hieß Land Liebevoll, und seine Einwohner waren die kleinen Leute vom Land Liebevoll. Allein, wenn man die Grenze zu diesem Land passierte, begann man zu spüren, daß hier etwas anders war als anderswo. Niemand konnte in diesem Land lange griesgrämig sein. Die Sonne strahlte wärmer, die Luft roch würziger, und man fand sehr schnell Anschluß und Freunde. Was die kleinen Leute im Land Liebevoll am meisten liebten, das war das Schenken von Zuneigung. Wenn sich zwei von ihnen trafen, dann sagten sie einander: "Schön, daß es dich gibt! Ich mag dich!" Oder: "Ich bin dir gut!"

Ihr Interesse und Mitgefühl für einander war groß. Keine Träne blieb ungetrocknet, kein Hilferuf verhallte ungehört. Ihre Liebe zueinander wanderte von Herz zu Herz. Sie hatten viel Zeit füreinander, zum Reden, Zuhören, zum Tanzen und Feiern. Jeder fühlte sich angenommen und geschätzt und gab Wärme, Anerkennung und Wertschätzung gerne an andere weiter. All das wurde geteilt, und die Liebe ging nicht aus, sondern ganz im Gegenteil: Je mehr sie weitergegeben wurde, desto größer wurde sie. So war es auch nicht verwunderlich, daß das gemeinsame Leben im Land Liebevoll glücklich und froh verlief.

Sie hatten allerdings einen EGO-Nachbarn, der ein Neider war. Das schmerzte ihn sehr. Die Galle lief ihm über vor Haß und Neid. Er schmiedete Rachepläne. Mit ihm konnte niemand auskommen, und er wollte nur Zwietracht säen, das war seine ganze Lust. Vielleicht war es auch nur deswegen, weil er im Innersten seiner Seele gerne geliebt worden wäre.

Aber er konnte sich wirklich nicht eingestehen, wie einsam er sich fühlte. Eines Tages machte er einen Besuch im Land Liebevoll und traf einen seiner freundlichen Bewohner. "Ah, wie schön, dich wieder einmal zu sehen!" sagte er zu ihm. "Du schaust nicht gut aus. Fehlt dir etwas?" setzte er besorgt fort. Der Neider schaut sich verstohlen um und sagte flüsternd in sein Ohr: "Hör mal! Ich weiß, daß du sehr freundlich bist und gerne Liebe verschenkst, aber hast du schon einmal daran gedacht, daß sie auch ausgehen könnte, wenn du so verschwenderisch bist?" Er bemerkte das Erstaunen und die Furcht im Gesicht des kleinen Mannes und fügte noch schnell hinzu: "Sei lieber vorsichtig mit dem Verschenken!" Dann schlurfte er tief befriedigt und grimmig entschlossen nach Hause zurück. Würde sein Racheplan funktionieren? Er ließ einen völlig verstörten und unglücklichen Bewohner des Landes Liebevoll zurück.

Es dauerte nicht lange, da kam ein guter Freund vorbei. Voller Freude kam dieser auf ihn zu, um ihn zu umarmen und seine Zuneigung zu bekunden. Da mußte er voller Bestürzung feststellen, daß er abgewiesen wurde! "Es tut mir leid, mein Freund", sagte der kleine Mann, "aber unser Nachbar das EGO sagte, wir müssen aufpassen, daß wir die Liebe nicht verschwenden, denn sie könnte sonst ausgehen! Hast du auch schon einmal daran gedacht?" Und so versetzte er ihm einen Stich ins Herz und der ging bestürzt weiter.

Noch nie hatte jemand im Land Liebevoll an so etwas gedacht. Aber jetzt, wo sich dieser Gedanke wie ein Lauffeuer verbreitete, sahen sie die Gefahr, und jedermann begann, vorsichtig mit der Zuneigung umzugehen, denn niemand wollte, daß sie ihm ausging. Mit nur ganz wenigen, speziellen Leute wurde sie von jetzt an noch ausgetauscht. Man begann zu unterscheiden. Mißtrauisch beobachtete man, daß ja keiner mehr bekam als der andere. Bedingungen wurden aufgestellt, wann und unter welchen Umständen wieviel Liebe gegeben werden konnte.

Die Kinder im Land Liebevoll mußten immer öfter hören: "Wenn du brav bist, dann habe ich dich lieb!" Oder: "Wenn du das und das nicht tust, dann setzt es was!" Sie waren es auch, die am längsten Widerstand leisteten, denn sie spürten in ihren Herzen, daß da etwas grundfalsch war. Aber es nützte nichts. Die großen Leute erklärten ihnen, daß es Wichtigeres gibt als dieses "Gefühlszeug" und auch keine Zeit mehr dafür da ist, denn man müsse arbeiten, um Geld zu verdienen. Nie im Leben hatte man bis jetzt im Land Liebevoll arbeiten müssen, um Geld zu verdienen. Es war immer genug da für alle, und alle hatten Freude an der gemeinsamen Arbeit gehabt und am Miteinanderteilen. Jetzt veränderte sich auch das.

Je mehr die Zuneigung, Wärme und Liebe abnahmen, nahm die Wichtigkeit von Arbeit und Geld zu. Jetzt konnte man sich alles kaufen! Welch ein Fortschritt: Es gab keine Zeit mehr für Begegnungen, keine Zeit mehr für Umarmungen, keine Zeit mehr für die Liebe. Es war kalt geworden im Land Liebevoll. Und was am allerschlimmsten war: Die Leute im Land Liebevoll wurden krank. Sie waren sichtbar verarmt, und es konnte einem das Herz brechen, wenn man das sah.

Als der EGO-Neider, der das alles angerichtet hatte, das sah, erschrak er zutiefst. Er wurde von Schuldgefühlen geplagt und fühlte sich zerrissen. Am liebsten wäre er in das Land Liebevoll gelaufen und hätte gesagt: "Ich war das! Es ist nicht wahr, die Liebe kann nicht ausgehen, wenn man sie verschenkt. Bitte, verzeiht mir, aber ich war so neidisch auf euch!"

Am liebsten hätte er das getan, aber leider – er tat es nicht. Wer weiß, ob das EGO damit noch etwas geändert hätte, denn die kleinen Leute waren mittlerweile schon sehr mißtrauisch geworden und glaubten nur mehr, was sie tatsächlich in den Händen hielten und sehen konnten. So war die Saat seines bösen Tuns aufgegangen und wirkte weiter und weiter. Der EGO-Neider starb am Gram seines Herzens. Er konnte nie mehr Zuwendung und Liebe erfahren. Es war ihm gelungen, das Land Liebevoll in ein Kummerland zu verwandeln. Von diesem Zeitpunkt an wurde nahezu von Tag zu Tag klarer, daß da irgend etwas nicht stimmte. Aber was? Die Jungen begannen, die Alten zu fragen, ob es denn schon immer eine Zeit der kalten Herzen gegeben hätte. Die begannen, aus alten Geschichten, Mythen und Märchen zu erzählen, daß es früher liebevoll und warm zugegangen sein sollte. Es soll so etwas wie ein "Paradies" gegeben haben. Aber sie fügten hinzu, daß das nur Geschichten wären, nichts als Geschichten. Manche resignierten hierauf und fügten sich in den Lauf der Geschichte. Andere aber gaben nicht auf, sondern machten sich auf die Suche, angetrieben von einer Sehnsucht im Herzen nach einer besseren Welt.

Das Land Liebevoll hatte noch einen Nachbarn. Er war ein alter, weiser Mann und sah schon seit langer Zeit, mit Trauer im Herzen, der Entwicklung im jetzigen Kummerland zu. Er wußte um das Geheimnis der Liebe Bescheid. Er wußte aber auch, daß dieses Geheimnis nur ganz bestimmten Leuten erschlossen werden konnte, nämlich nur jenen, die danach suchten! So mußte er darauf warten, bis jene kamen, die nach der Lösung suchten.

Eines Tages kamen einige Leute vom Kummerland zu ihm, und er umfing sie mit Liebe. Die Herzen der Leute schmolzen wie Wachs in der Sonne, denn jetzt, nachdem das EGO gestorben war, wuchs die Bereitschaft zum Zuhören. Bald nannten sie ihn liebevoll Dede. Sie erkannten, daß die alten Geschichten die Wahrheit sagten. Aus den Herzen verbannt, war sie vergessen worden, aber jetzt war die Zeit gekommen, sie wieder neu zu entdecken.

Immer wieder gingen sie zu Dede, um zu lernen. Und er lehrte sie, den Weg des Herzens zu gehen. Er gab ihnen Symbole und Aufgaben. "Seht hier das Symbol Pfeil und Bogen? Was tötet das Tier und was hält die Welt am Gehen?" fragte er sie. "Die Absicht!" antworteten sie. "Ja, denn ohne Absicht bewegt sich nichts. Ohne richtige Absicht hättet ihr mich nicht gefunden. Die Absicht, der Stimme im Herzen zu trauen, hat euch zu mir geführt. Das ist der erste und wichtigste Schritt." "Dede", fragten sie "gibt es noch mehr Schritte?" "Ja!" antwortete er, "es gibt 9!" "Lehre sie uns!" baten sie ihn. Dedes Augen funkelten vor Freude. Er sagte: "Die 9 Symbole sind: Pfeil und Bogen, Haus/Fundament, Kamel, Brücke, Herz, Hand, Fuß, Mund und Auge. Diese Symbole sind Schlüssel. Sie beinhalten Aufgaben, die mit Aufgeben und Erfüllen zu tun haben. Ich kann eine Aufgabe erledigen oder eine Aufgabe erfüllen. Wer sich damit begnügt, die Aufgabe zu erledigen, der kommt nie mit dem wahren Reichtum des Lebens in Berührung. Ich kann eine Frage stellen oder mit ganzem Herzen nach der

Antwort suchen. Erschließt die Symbole des Lebens! Einmal müssen alle 9 Aufgaben des Lebens werden, dann öffnen sich die Zugänge nach innen zur Fülle des Lebens. Die 9 Schritte des Lebens sind ein Lebenszyklus sowohl im Kleinen als auch im Großen. Wer das versteht, der übt unermüdlich und erfüllt die im Leben gegebenen Aufgaben des Lebens."

"Geht jetzt nach Hause und lehrt das, was ihr wißt, den euren und dann kommt wieder!" beauftragte er sie. "Wendet euer Gesicht dem Licht hinter der Sonne zu, denn sie ist die Quelle der Liebe!" sagte er ihnen zum Abschied.

Die kleinen Leute gingen voller Hoffnung nach Hause zurück und begannen von dem zu erzählen, was sie erfahren hatten. Zuerst waren es nur wenige, die ihnen vertrauten und die sich davon angesprochen fühlten. Immer und immer wieder sagten sie: "Wir müssen in der richtigen Absicht suchen! Die Absicht ist der erste Schritt, wenn wir uns ändern wollen!" Aber dann, als die kleinen Leute sahen und spürten, wie die richtige Absicht das Leben zu verwandeln begann, da ging es wie eine Welle durch das Land, und sie erkannten, daß die Kunst, mit ganzem Herzen zu suchen und zu finden, in jeder Hinsicht reich macht und niemand Hunger und Durst leiden muß. Immer und immer wieder gingen die Leute aus dem Land Liebevoll zu Dede, und eines Tages, als sie die Aufgaben erfüllt hatten, da zeichnete er ein Muster in den Sand. Er nannte es das Muster des Lebens. Die kleinen Leute verstanden das innere Geheimnis – sie *taten* es. Damals gaben sie dem Zeichen keinen Namen, denn es war nicht wichtig. Heute nennt man es Enneagramm, damit jeder weiß, wovon man spricht.

---

1 vgl. AT Pr 3,1 (2,-8,11)

2 vgl. Mt 7,16-20

3 Sema, der Wirbetanz der Derwische, Ingrid und Kurt Bauer, Urania Verlag, 1993, S 63 f

4 erscheint im selben Verlag.

5 Am Ende des Kapitels finden Sie einen leeren Lebensbaum zum Kopieren.

6 Tritt aus deinem Schatten, Ingrid und Kurt Bauer, Verlag Herder, 1990, S 31

7 Eine Nacherzählung der Geschichte von den kleinen Leuten aus Amamura

Wir danken Ihnen, daß Sie uns bis hierher gefolgt sind und stellen Ihnen hier noch unsere weiteren Produkte vor. All jenen, die am Sufi-Weg interessiert sind und weitere Informationen wollen, geben wir unsere Adresse bekannt:

Dervish Brothers
Sufi-Schule
Ingrid und Kurt Bauer
Postfach 33
A–5161 Elixhausen bei Salzburg

Von Ingrid und Kurt Bauer sind bisher folgende Werke erschienen:
Bücher:
• *DAS LEBEN GEWINNEN*
Auf dem Weg zu Freiheit, Wissen und Erkennen, Eigenverlag, 1992
• *GLÜCK KANN MAN LERNEN*
Mental Recycling Aktiv, Urania-Verlag, 1992
• *SEMA, DER WIRBELTANZ DER DERWISCHE*
Die Kunst der Lebensbalance, Urania-Verlag, 1993
Spiele:
• *FLÜSTERN DER SEELE*
Ein meditatives Selbstfindungsspiel (mit Karten)
Aquamarin-Verlag, 1992
• *FLÜSTERN DER LIEBE*
Ein Ich-Du-Wir Liebesspiel (mit Karten)
Aquamarin-Verlag, 1993
• *FLÜSTERN DES HERZENS*
Enneagramm und mystischer Weg (mit Karten)
Aquamarin-Verlag, 1994

Covergestaltung: Gerd Aumann, Kreativ Design, Wiesbaden